中财传媒版 2020年注册会计师全国统一考试辅导系列丛书

财务成本管理全真模拟试题

财政部中财传媒 注册会计师考试辅导丛书编写组 编

中国财经出版传媒集团
中国财政经济出版社

图书在版编目（CIP）数据

财务成本管理全真模拟试题／财政部中财传媒 注册会计师考试辅导丛书编写组编．--北京：中国财政经济出版社，2020.3
（中财传媒版2020年注册会计师全国统一考试辅导系列丛书）
ISBN 978-7-5095-9612-8

Ⅰ.①财…　Ⅱ.①财…　Ⅲ.①企业管理-成本管理-资格考试-习题集
Ⅳ.①F275.3-44

中国版本图书馆CIP数据核字（2020）第029395号

责任编辑：葛　新　　　　责任校对：李　丽

中国财政经济出版社 出版

URL：http：//www.cfeac.com

社址：北京市海淀区阜成路甲28号　邮政编码：100142
营销中心电话：010-88191522
天猫网店：中国财政经济出版社旗舰店
网址：https：//zgczjjcbs.tmall.com
北京中兴印刷有限公司印刷　各地新华书店经销
787×1092毫米　16开　8.75印张　210 000字
2020年3月第1版　2020年3月北京第1次印刷
定价：28.00元
ISBN 978-7-5095-9612-8
（图书出现印装问题，本社负责调换）
本社质量投诉电话：010-88190744
打击盗版举报热线：010-88191661、QQ：2242791300

前言 Preface

为帮助广大考生全面理解2020年注册会计师考试大纲和考试教材内容，在有限的复习时间内掌握教材的重、难点知识，顺利通过考试。中国财经出版传媒集团组织常年从事注册会计师考试辅导的名师、专家编写了“中财传媒版2020年注册会计师全国统一考试辅导系列丛书”。该系列丛书包括“应试指导”“要点随身记”“通关题库”和“全真模拟试题”四个系列，涵盖了专业阶段考试的六个科目，即会计、审计、财务成本管理、经济法、税法和公司战略与风险管理。

1. “应试指导”系列：紧扣2020年考试大纲和考试教材内容，考点精炼、结构合理，对考试有极强的指导性，帮助考生全面掌握教材精髓。在编写结构的设计上，根据考生的学习特点和备考要求，分为“命题规律及考试趋势预测”“各章考点精讲精练”“跨章节综合题演练”三个部分。

2. “要点随身记”系列：根据每章重要考点整理而成的备考“红宝书”，涵盖知识点全面，易于携带，旨在帮助考生更便捷地预习、复习和记忆考点内容，合理利用碎片化的时间，积少成多，掌握记忆教材核心知识点。

3. “通关题库”系列：包含大量针对性极强的练习题和对应的答案解析，帮助考生通过习题演练巩固理解知识点，更熟练地应用教材知识点解决实际题目中的问题。

4. “全真模拟试题”系列：在对历年考试试题进行分析归纳和命题趋势总结的基础上，由多名具备注册会计师资格的辅导专家精心设计了八套全真模拟试题，考生可以在充分复习教材内容的基础上，按照模拟考试时间及要求，进行热身训练，积累实战经验。

注册会计师考试辅导书市场品种繁多，但质量良莠不齐。考生在选择教辅时常常陷入盲目。该系列丛书利用作为教材出版单位的独特优势，在第一时间邀请注册会计师考试辅导专家编写，秉承“应试”“精练”的核心思想，力求帮助考生以最少的精力取得最大的效果，实现高效学习、顺利通关，是考生学习备考的第一选择。

最后，衷心祝愿各位考生顺利通过2020年注册会计师考试。

编写组

2020年3月

前言

[illegible]

Contents

目录

2020年注册会计师全国统一考试《财务成本管理》全真模拟试题（一）

一、单项选择题（本题型共14小题，每小题1.5分，共21分。每小题只有一个正确答案，请从每小题的备选答案中选出一个你认为最正确的答案，用鼠标点击相应的选项。）

1. 甲公司是一家服务业企业，每股净资产20元，权益净利率14%，与甲公司可比的3家制造业企业的平均市净率是1.6倍，平均权益净利率为12%，则用修正平均市净率法估计的甲公司每股价值是（　　）元。

A. 42　　B. 25.6

C. 40　　D. 36.4

2. 下列关于利率期限结构的各种理论表述中，正确的是（　　）。

A. 流动性溢价理论认为短期债券的流动性比长期债券低

B. 无偏预期理论认为利率的期限结构完全取决于市场对未来利率的预期

C. 分割市场理论认为长期债券即期利率是未来短期预期理论平均值加上一定的流动性风险溢价

D. 利率的期限结构理论包括无偏预期理论和流动性溢价理论

3. 下列关于应收账款周转率的说法中，错误的是（　　）。

A. 计算时分子应使用赊销额而非营业收入

B. 计算平均应收账款时可以使用多个时点的平均数，而不仅仅是年初和年末的平均数

C. 如果坏账准备的金额比较大，则应使用未计提坏账准备的应收账款计算应收账款周转率

D. 应收账款周转天数越短越好

4. 某投资人长期持有甲公司的股票，投资的必要报酬率为12%，预计甲公司未来5年每股股利分别为0.12元、0.15元、0.2元、0.22元、0.25元。在此后转为正常增长，增长率为4%，则该股票在第6年初的内在价值为（　　）元。

A. 1.94　　B. 2.99

C. 3.25　　D. 4.33

5. 6年分期付款购物，每年初付200元，设银行利率为10%，该项分期付款相当于一次现金支付的购价是（　　）。

A. 950.20元　　B. 980元

C. 1 020. 15 元　　D. 958. 16 元

6. 假设在资本市场中，平均风险股票报酬率 12%，权益市场风险溢价为 6%，某公司普通股 β 值为 1. 2。则该公司普通股的成本为（　　）。

A. 12%　　B. 13. 2%

C. 7. 2%　　D. 6%

7. 下列关于固定制造费用各成本差异的计算公式中，不正确的是（　　）。

A. 固定制造费用能量差异 =（生产能量 - 实际工时）× 固定制造费用标准分配率

B. 固定制造费用耗费差异 = 实际工时 × 固定制造费用实际分配率 - 生产能量 × 固定制造费用标准分配率

C. 固定制造费用效率差异 =（实际工时 - 实际产量标准工时）× 固定制造费用标准分配率

D. 固定制造费用总差异 = 固定制造费用实际数 - 实际产量 × 单位标准工时 × 固定制造费用标准分配率

8. 甲公司生产某种产品，需 3 道工序加工完成。甲公司不分步计算产品成本，该产品的定额工时为 100 小时，其中，第一道工序的定额工时为 20 小时，第二道工序的定额工时为 30 小时，第三道工序的定额工时为 50 小时。如果各工序在产品的完工程度均按 60% 计算，则第三道工序的完工程度为（　　）。

A. 30%　　B. 50%

C. 60%　　D. 80%

9. 甲公司只生产一种产品，产品单价为 6 元，单位变动成本为 4 元，产品销量为 10 万件/年，固定成本为 5 万元/年，利息支出为 3 万元/年。则甲公司的联合杠杆为（　　）。(结果保留 2 位小数)

A. 1. 18　　B. 1. 25

C. 1. 33　　D. 1. 66

10. 在净利润和市盈率不变的情况下，公司实行股票分割导致的结果是（　　）。

A. 每股收益上升　　B. 每股面额上升

C. 每股市价下降　　D. 每股净资产不变

11. 下列关于股权再融资的表述中，不正确的是（　　）。

A. 股权再融资包括向现有股东配股和增发新股融资

B. 非公开增发新股的发行价格没有折价，定价基准日也固定

C. 公开增发新股的认购方式通常为现金认购

D. 非公开增发新股的认购方式不限于现金，还包括权益、无形资产等非现金资产

12. 某零件年需要量 16 200 件，日供应量 60 件，一次订货成本 25 元，单位储存成本 1 元/年。假设一年为 360 天，需求是均匀的，不设置保险库存并且按照经济订货量进货。则下列各项计算结果中，错误的是（　　）。

A. 经济订货量为 1 800 件　　B. 最高库存量为 450 件

C. 平均库存量为 220 件　　D. 与进货批量有关的总成本为 450 元

13. 下列关于可转换债券与附认股权证债券的说法中，错误的是（　　）。

A. 可转换债券在转换时没有增加新的资本，附认股权证债券在认购时给公司带来新的

权益资本

B. 相比于附认股权证债券，可转换债券的灵活性较差

C. 可转换债券主要是为了发行股票，而附认股权证债券主要目的是为了发行债券

D. 可转换债券的承销费用比附认股权证债券的承销费用低

14. 甲消费者每月购买的某移动通信公司 58 元套餐，含主叫长市话 450 分钟，超出后主叫国内长市话每分钟 0.15 元。则该通信费属于（　　）。

A. 变动成本　　B. 半变动成本

C. 阶梯式成本　　D. 延期变动成本

二、多项选择题（本题型共 12 小题，每小题 2 分，共 24 分。每小题均有多个正确答案，请从每小题的备选答案中选出你认为正确的答案，用鼠标点击相应的选项。每小题所有答案选择正确的得分，不答、错答、漏答均不得分。）

1. 下列有关非公开增发股票的表述中，正确的有（　　）。

A. 非公开增发没有过多发行条件上的限制，一般只要发行对象符合要求，并且不存在一些严重损害投资者合法权益和社会公共利益的情形均可申请非公开发行股票

B. 相比较公开发行方式，利用非公开发行方式不利于引入战略投资者和机构投资者

C. 增发新股的认购方式不限于现金，还包括权益、债权、无形资产、固定资产等非现金资产

D. 没有特定的发行对象，股票市场上的投资者均可以认购

2. 下列各项中，属于企业长期借款合同特殊性保护条款的有（　　）。

A. 限制租赁固定资产的规模

B. 不准企业投资于短期内不能收回资金的项目

C. 限制企业高级职员的薪金和奖金总额

D. 贷款专款专用

3. 假设企业本年的经营效率、资本结构和股利支付率与上年相同，目标销售收入增长率为 30%（大于可持续增长率），则下列各项中，正确的有（　　）。

A. 本年权益净利率为 30%　　B. 本年净利润增长率为 30%

C. 本年新增投资的报酬率为 30%　　D. 本年总资产增长率为 30%

4. 驱动 β 变化的关键因素有（　　）。

A. 经营杠杆　　B. 行业的特性

C. 财务杠杆　　D. 收益的周期性

5. 零基预算编制方法的特点有（　　）。

A. 编制工作量大

B. 通过调整基期项目及数额，编制相关预算

C. 可以避免前期不合理费用项目的干扰

D. 可以重新审视现有业务的合理性

6. 如果某方案第 4 年的实际现金流量为 100 万元，名义折现率为 10%，通货膨胀率为 4%，则下列各项中，不正确的有（　　）。

A. 名义现金流量 $= 100 \times (1 + 4\%)$

B. 实际折现率 =(1 +10%)/(1 +4%)-1

C. 现金流量现值 =100 ×(F/P,4%,4)×(P/F,10%,4)

D. 实际折现率 =(1 +10%)×(1 +4%)-1

7. 下列因素中，与固定增长股票的内在价值呈同方向变化的有（　　）。

A. 股利年增长率
B. 最近一次发放的股利
C. 投资的必要报酬率
D. β 系数

8. 下列关于经济增加值的说法中，正确的有（　　）。

A. 经济增加值指从税后净营业利润扣除全部投入资本的成本后的剩余收益

B. 经济增加值考虑了所有资本的成本，更真实地反映了企业的价值创造能力

C. 当税金是重要因素时，经济增加值比剩余收益可以更好地反映部门盈利能力

D. 经济增加值为正，表明经营者在为企业创造价值

9. 在有企业所得税的情况下，下列关于 MM 理论的表述中，正确的有（　　）。

A. 有负债企业的价值等于无负债企业的价值加上利息抵税的现值

B. 如果事先设定债务总额，有负债企业的价值等于无负债企业的价值减去债务总额与所得税税率的乘积

C. 利用有负债企业的加权平均资本成本贴现企业的自由现金流，得出企业有负债的价值

D. 利用税前加权平均资本成本贴现企业的自由现金流，得出无负债企业的价值

10. 东方公司只生产和销售 A 产品，其总成本习性模型（单位：元）为 $Y = 20\,000 + 12X$。假定该企业 2016 年度 A 产品销售量为 5 000 件，每件售价为 20 元；按市场预测 2017 年 A 产品的销售量将增长 20%，单位边际贡献不变，固定成本不变。则下列各项中，正确的有（　　）。

A. 2016 年盈亏临界点的销售额为 50 000 元

B. 2016 年的安全边际率为 40%

C. 2016 年的息税前利润为 20 000 元

D. 2017 年的经营杠杆系数为 1.5

11. 下列关于投资项目折现率的估计表述中，正确的有（　　）。

A. 如果公司的经营风险没变，资本结构没有改变，则可以使用公司目前的加权平均资本成本作为投资项目的资本成本

B. 在等风险假设和资本结构不变假设同时不成立时，不能使用企业当前的平均资本成本作为新项目的资本成本

C. 如果公司的经营风险没变，但是资本结构改变了，可以利用公司原来的资本结构卸载财务杠杆再加载新的财务杠杆

D. 如果公司的经营风险变了，则需要使用可比公司法估计投资项目的折现率

12. 成功的协商转移价格所依赖的条件有（　　）。

A. 要有一个某种形式的外部市场，两个部门经理可以自由地选择接受或是拒绝某一价格

B. 在谈判者之间共同分享所有的信息资源

C. 谈判人员的谈判技巧

D. 最高管理层的必要干预

三、计算分析题（本题型共 5 小题 40 分。其中一道小题可以选用中文或英文解答，请仔细阅读答题要求。如使用英文解答，须全部使用英文，答题正确的，增加 5 分。本题型最高得分为 45 分。涉及计算的，要求列出计算步骤，否则不得分，除非题目特别说明不需要列出计算过程。）

1. A 公司是一家投资公司，拟于 2020 年初对 H 公司增资 3 000 万元，获得 H 公司 30% 的股权。由于 H 公司股权比较分散，A 公司可以获得控股权。为分析增资方案可行性，收集相关资料如下：

（1）H 公司是一家食品制造企业，增资前处于稳定增长状态，增长率为 6%。2019 年净利润为 350 万元，当年取得的利润在当年分配，股利支付率为 60%。2019 年末（当年利润分配后）净经营资产为 2 200 万元，净负债为 1 500 万元。

（2）增资后，A 公司拟通过改进 H 公司管理和经营战略，增加 H 公司收入和利润。预计 H 公司 2020 年营业收入 8 000 万元，2021 年营业收入比 2020 年增长 10%，2022 年比 2021 年增长 10%，2023 年及以后进入稳定增长状态，增长率为 7%。

（3）增资后，预计 H 公司相关财务比率保持稳定，具体如下：

营业成本/营业收入	60%
销售和管理费用/营业收入	20%
净经营资产/营业收入	80%
净负债/营业收入	20%
债务利息率	8%
企业所得税税率	25%

（4）H 公司股票等风险投资必要报酬率增资前为 11%，增资后为 10%。

（5）假设各年现金流量均发生在年末。

要求：

（1）如果不增资，采用股利现金流量折现模型，估计 2020 年初 H 公司股权价值。

（2）如果增资，采用股权现金流量折现模型，估计 2020 年初 H 公司股权价值。（计算过程和结果填入下方表格中）

单位：万元

	2020 年	2021 年	2022 年

续表

	2020 年	2021 年	2022 年
股权现金流量			
H 公司股权价值			

（3）计算该增资为 H 公司原股东和 A 公司分别带来的净现值。

（4）判断 A 公司增资是否可行，并简要说明理由。

2. 已知某能源类集团公司下设三个投资中心，有关资料如下：

指标	A 投资中心	B 投资中心	C 投资中心
税前经营利润（万元）	10 400	8 450	15 800
平均经营资产（万元）	94 500	75 500	145 000
平均经营负债	20 000	10 000	40 000
平均净经营资产	89 500	66 500	116 000
最低税前投资报酬率	10%	11%	9%
集团公司税前加权平均资本成本	10%		
所得税税率	25%		

要求：

（1）计算各投资中心的投资报酬率，并据此评价各投资中心的业绩。（假设无金融资产）

（2）计算各投资中心的剩余收益，并据此评价各投资中心的业绩。

（3）计算各投资中心的经济增加值，并据此评价各投资中心的业绩。（假设 C 投资中心年末发生营销支出 300 万元，全部计入销售及管理费用，计算披露的经济增加值时要求将该营销费用资本化）

3. 甲公司是一家传统制造业企业。2020 年共生产销售 A、B、C 三种产品，销售单价分别为 300 元、380 元、420 元。预计销售量分别为 14 000 件、50 000 件、60 000 件。预计各产品的单位变动成本分别为 220 元、260 元、320 元。预计甲公司 2020 年的固定成本总额为 1 800 000 元。

要求：

（1）按加权平均法进行三种产品的保本分析，并计算各产品的保本销售量及保本销售额。

（2）若甲公司的目标利润为 1 300 000 元，按加权平均法进行三种产品的保利分析，并计算各产品的保利销售量和保利销售额。

4. 甲公司有一台设备，购于 3 年前，现在考虑是否需要更新。甲公司所得税税率为 25%，甲公司的资本成本为 10%。假设税法允许大修支出一次性税前扣除。其他有关资料如下：

设备有关资料

单位：元

项目	旧设备	新设备
原价	100 000	80 000
税法规定残值（10%）	10 000	8 000
税法规定使用年限（年）	6	4
已用年限	3	0
尚可使用年限	4	4
每年操作成本	8 600	5 000
2 年末大修支出	28 000	
最终报废残值	15 000	10 000
目前变现价值	20 000	
每年折旧额：	（直线法）	（年数总和法）
第 1 年	15 000	28 800
第 2 年	15 000	21 600
第 3 年	15 000	14 400
第 4 年	0	7 200

要求：

计算说明甲公司是否应该更新该设备。

5. 甲公司是一家医药制造企业，只生产销售一种产品，生产过程分为两个步骤在两个基本生产车间进行，第一车间为第二车间提供半成品，第二车间将半成品加工成产成品，每件产成品耗用 1 件半成品。原材料在第一步骤生产开工时一次投入，各个步骤加工成本费用陆续发生，第一步骤和第二步骤月末在产品完工程度分别为本步骤的 60% 和 50%。

产品成本计算采用逐步综合结转分步法，月末完工产品和在产品之间采用约当产量法分配生产成本。

2019 年 6 月的成本核算资料如下：

（1）月初在产品成本如下（单位：元）：

	直接材料	直接人工	制造费用	合计
第一步骤	13 200	5 845	8 900	27 945
第二步骤		4 650	9 250	13 900

（2）本月生产量如下（单位：件）：

	月初在产品数量	本月投产数量	本月完工数量	月末在产品数量
第一步骤	130	2 700	2 750	80
第二步骤	160	2 750	2 800	110

（3）本月发生的生产费用如下（单位：元）：

	直接材料	直接人工	制造费用	合计
第一步骤	98 690	44 000	67 410	210 100
第二步骤		60 650	77 350	138 000

要求：

（1）编制第一步骤、第二步骤成本计算单。（计算结果填入下方表格中，不用列出计算过程）

第一步骤成本计算单

2019 年 6 月

单位：元

	直接材料	直接人工	制造费用	合计
月初在产品成本				
本月生产费用				
合计				
分配率				
产成品中本步骤份额				
月末在产品				

第二步骤成本计算单

2019 年 6 月

单位：元

	直接材料	直接人工	制造费用	合计
月初在产品成本				
本月生产费用				
合计				
分配率				
产成品中本步骤份额				
月末在产品				

（2）编制产成品成本汇总计算表。（计算结果填入下方表格中，不用列出计算过程）

产成品成本汇总计算表

2019 年 6 月

单位：元

	直接材料	直接人工	制造费用	合计
第一步骤				
第二步骤				
合计				
单位成本				

四、综合题（本题共 15 分。涉及计算的，要求列出计算步骤，否则不得分，除非题目特别说明不需要列出计算过程。）

M 公司是一家化工原料生产上市公司。为占领市场并优化资本结构，M 公司拟于 2019 年末发行附认股权证债券筹资 30 000 万元。M 公司股票目前每股 40 元。预计股份未来增长率 8%；长期借款合同中保护性条款约定 M 公司长期资本负债率不可高于 60%、利息保障倍数不可低于 4 倍。为确定筹资方案是否可靠，收集资料如下：

资料一：筹资方案。M 公司拟平价发行附认股权证债券，面值 1 000 元，票面利率 7%，期限 10 年，每年末付息一次，到期还本。每份债券附送 10 张认股权证，认股权证 5 年后到期，在到期前每张认股权证可按 50 元的价格购买 1 股普通股。不考虑发行成本等其他费用。

资料二：M 公司尚无上市债券，也找不到合适的可比公司。评级机构评定 M 公司的信用级别为 AA 级。目前上市交易的同行业其他公司债券及与之到期日相近的政府债券信息如下：

公司债券				政府债券	
发行公司	信用等级	到期日	到期收益率	到期日	到期收益率
X	AA	2022 年 11 月 30 日	5.96%	2022 年 12 月 10 日	4.88%
Y	AA	2025 年 1 月 1 日	6.86%	2024 年 11 月 15 日	5.92%
Z	AA	2029 年 11 月 30 日	7.48%	2029 年 12 月 1 日	6.86%

M 公司股票目前 β 系数为 1.6，市场风险溢价为 6%，企业所得税税率为 25%，假设 M 公司所筹资金全部用于购置资产，资本结构以长期资本账面价值计算权重。

资料三：M 公司 2019 年预计财务报表主要数据如下：

单位：万元

资产负债表项目	2019 年末
资产总计	125 000
流动负债	5 000
长期借款	40 000
股东权益	80 000
负债和股东权益总计	125 000
利润表项目	2019 年度
营业收入	200 000
财务费用	3 000
利润总额	20 000
所得税费用	5 000
净利润	15 000

M公司2019年财务费用均为利息费用，资本化利息为300万元。如果M公司按筹资方案发债，预计2020年营业收入比2019年增长10%，财务费用在2019年财务费用基础上增加新发债券利息，资本化利息保持不变，企业应纳税所得额为利润总额，营业净利率保持2019年水平不变，不分配现金股利。

要求：

（1）根据资料一，计算发行附认股权证债券的资本成本。

（2）为判断筹资方案是否可行，根据资料二，利用风险调整法，计算M公司税前债务资本成本；假设无风险利率参考10年期政府到期收益率，计算股权资本成本。

（3）为判断是否符合借款合同在保护性条款的要求，根据资料三，计算筹资方案执行后2020年末长期资本负债率、利息保障倍数。

（4）基于上述结果，判断筹资方案是否可行，并简要说明理由。

2020年注册会计师全国统一考试《财务成本管理》全真模拟试题（一）参考答案及解析

一、单项选择题

1. 【答案】D

【解析】修正平均市净率＝1.6/（12%×100）＝0.13，公司每股价值＝0.13×14%×100×20＝36.4（元）。

2. 【答案】B

【解析】流动性溢价理论认为短期债券的流动性比长期债券高，所以选项A不正确。长期债券即期利率是未来短期预期理论平均值加上一定的流动性风险溢价，这是流动性溢价理论的观点，所以选项C不正确。利率的期限结构理论包括无偏预期理论、市场分割理论和流动性溢价理论，所以选项D不正确。

3. 【答案】D

【解析】计算应收账款周转率时应使用赊销额，但是外部分析人员无法在财务报表内取得公司的赊销数据，只好直接使用营业收入作为替代进行计算。所以选项A正确。多个时点的平均数可以减少季节性、偶然性或人为因素的影响。所以选项B正确。资产负债表上的资产是按净值列示的，报表上的应收账款金额是扣除坏账准备后的金额，因此如果坏账准备的影响比较大，则应考虑坏账准备的影响。所以选项C正确。应收账款是赊销引起的，如果赊销有可能比现金销售更有利，周转天数就不是越少越好。所以选项D错误。

4. 【答案】C

【解析】股票在第6年初的内在价值＝0.25×（1＋4%）/（12%－4%）＝3.25（元）。

5. 【答案】D

【解析】$P = A\times[(P/A,i,n-1)+1] = 200\times[(P/A,10\%,5)+1] = 200\times(3.7908+1) = 958.16$。

6. 【答案】B

【解析】因为平均风险股票报酬率为12%，权益市场风险溢价为6%，则无风险报酬率＝平均风险股票市场报酬率－权益市场风险溢价＝12%－6%＝6%，公司普通股成本＝$r_{RF}+\beta\times(r_m-r_{RF})=6\%+1.2\times6\%=13.2\%$。

7. 【答案】A

【解析】固定制造费用总差异 = 固定制造费用实际数 - 固定制造费用标准成本 = 固定制造费用实际数 - 实际产量 × 单位标准工时 × 固定制造费用标准分配率；固定制造费用耗费差异 = 固定制造费用实际数 - 固定制造费用预算数 = 实际工时 × 固定制造费用实际分配率 - 生产能量 × 固定制造费用标准分配率；固定制造费用能量差异 = （生产能量 - 实际产量标准工时）× 固定制造费用标准分配率；固定制造费用闲置能量差异 = （生产能量 - 实际工时）× 固定制造费用标准分配率；固定制造费用效率差异 = （实际工时 - 实际产量标准工时）× 固定制造费用标准分配率。

8. 【答案】D

【解析】第三道工序的完工程度 = (20 + 30 + 50 × 60%)/100 = 80%。

9. 【答案】D

【解析】经营杠杆系数 = (息税前利润 + 固定成本)/息税前利润 = [(6 - 4) × 10]/[(6 - 4) × 10 - 5] = 1.33。财务杠杆系数 = 息税前利润/(息税前利润 - 利息) = [(6 - 4) × 10 - 5]/[(6 - 4) × 10 - 5 - 3] = 1.25。联合杠杆系数 = 经营杠杆系数 × 财务杠杆系数 = 1.33 × 1.25 = 1.66。

10. 【答案】C

【解析】股票分割是指将面额较高的股票交换成面额较低的股票的行为，将会导致每股面额下降、每股市价下降、每股收益下降，股东权益总额不变，每股净资产降低，所以选项C正确。

11. 【答案】B

【解析】公开增发新股的发行价格没有折价，定价基准日也固定；非公开发行股票的发行价格应不低于定价基准日前20个交易日公司股票均价的90%。定价基准日则可以是董事会决议公告，也可以是股东大会决议公告日或发行期的首日。

12. 【答案】C

【解析】根据题目可知，本题的考核点是存货陆续供应和使用的模型，每日需用量 = 16 200/360 = 45（件），经济订货量 = $[2 \times 25 \times 16\ 200 \times 60/(60-45)]^{1/2}$ = 1 800（件）。所以选项A正确。最高库存量 = 1 800 - 1 800 × 45/60 = 450（件）。所以选项B正确。平均库存量 = 450/2 = 225（件）。所以选项C不正确。与进货批量有关的总成本 = $[2 \times 25 \times 16\ 200 \times (60-45)/60]^{1/2}$ = 450（元）。所以选项D正确。

13. 【答案】B

【解析】可转换债券允许发行者规定可赎回条款、强制转换条款等，种类较多，灵活性较好。

14. 【答案】D

【解析】延期变动成本是指在一定业务量范围内总额保持稳定，超过特定业务量则开始随业务量比例增长的成本。该通信费在450分钟内总额保持稳定，超过450分钟则开始随通话量正比例增长，所以选项D正确。

二、多项选择题

1. 【答案】AC

【解析】非公开发行方式主要针对三种机构投资者：第一类是财务投资者；第二类是战略投资者；第三类是上市公司的控股股东或关联方，因此选项B错误。公开增发没有特定的发行对象，股票市场上的投资者均可以认购，因此选项D错误。

2.【答案】BCD

【解析】限制租赁固定资产的规模，其目的在于防止企业负担巨额租金以致削弱其偿债能力，还在于防止企业以租赁固定资产的办法摆脱对其净经营性长期资产总投资和负债的约束。属于一般性保护条款，因此选项A错误。

3.【答案】BD

【解析】经营效率指的是资产周转率和销售净利率，资本结构指的是权益乘数，由此可知，本年的权益净利率与上年相同，不能推出“权益净利率＝销售增长率”这个结论。所以选项A错误。另外，新增投资的报酬率与销售增长率之间没有必然的关系。所以选项C错误。根据资产周转率不变可知，资产增长率＝销售增长率＝30%。所以选项D正确。根据销售净利率不变可知，净利润增长率＝销售增长率＝30%。所以选项B正确。

4.【答案】ACD

【解析】驱动贝塔值变化的关键因素包括：经营杠杆、财务杠杆和收益的周期性。

5.【答案】ACD

【解析】增量预算法是指以基期水平为基础，通过调整基期项目及数额编制相关预算的方法。

6.【答案】AD

【解析】名义现金流量＝$100\times(1+4\%)^4$。所以选项A错误。实际折现率＝$(1+10\%)/(1+4\%)-1$。所以选项D错误。

7.【答案】AB

【解析】$P_0=\frac{D_1}{r_s-g}$。

8.【答案】ABCD

【解析】本题的考点是经济增加值的相关概念。

9.【答案】ACD

【解析】在有企业所得税的情况下，MM理论认为，如果事先设定债务总额，有负债企业的价值等于无负债企业的价值加上债务总额与所得税税率的乘积。

10.【答案】AC

【解析】2016年盈亏临界点的销售量＝20 000/(20－12)＝2 500（件），盈亏临界点的销售额＝2 500×20＝50 000（元），安全边际率＝(5 000×20－50 000)/(5 000×20)×100%＝50%。所以选项A正确，选项B不正确。2016年的边际贡献总额＝5 000×(20－12)＝40 000（元），息税前利润＝40 000－20 000＝20 000（元），2017年的息税前利润＝5 000×(1＋20%)×(20－12)－20 000＝28 000（元），2017年的经营杠杆系数＝(20 000＋20 000)/20 000＝2，或者也可以这样计算，即2017年的经营杠杆系数＝[(28 000－20 000)/20 000]/20%＝2。所以选项C正确，选项D不正确。

11.【答案】ACD

【解析】在等风险假设或资本结构不变假设不能成立时，不能使用企业当前的平均资本成本作为新项目的资本成本，并不是需要两者同时不成立，因此选项 B 错误。

12.【答案】ABD

【解析】部门获利能力大小与谈判人员的谈判技巧有很大关系，但是，其不是成功的协商转移价格所依赖的条件，因此选项 C 错误。

三、计算分析题

1.【答案】

（1）2020 年初 H 公司股权价值 = 350 × 60% ×（1 + 6%）/（11% − 6%）= 4 452（万元）

（2）计算结果如下：

单位：万元

	2020 年	2021 年	2022 年
营业收入	8 000	8 000 ×（1 + 10%）= 8 800	8 800 ×（1 + 10%）= 9 680
净经营资产	8 000 × 80% = 6 400	8 800 × 80% = 7 040	9 680 × 80% = 7 744
净负债	8 000 × 20% = 1 600	8 800 × 20% = 1 760	1 760 × 1.08 = 1 936
股东权益	6 400 − 1 600 = 4 800	7 040 − 1 760 = 5 280	7 744 − 1 936 = 5 808
税后经营净利润	8 000 ×（1 − 60% − 20%）×（1 − 25%）= 1 200	8 800 ×（1 − 60% − 20%）×（1 − 25%）= 1 320	9 680 ×（1 − 60% − 20%）×（1 − 25%）= 1 452
税后利息	1 600 × 8% ×（1 − 25%）= 96	1 760 × 8% ×（1 − 25%）= 105.6	1 936 × 8% ×（1 − 25%）= 116.16
净利润	1 200 − 96 = 1 104	1 214.4	1 335.84
股权权益增加	4 800 −（2 200 − 1 500）= 4 100	5 280 − 4 800 = 480	5 808 − 5 280 = 528
股权现金流量	− 2 996	734.4	807.84
折现系数	1/（1 + 10%）= 0.909	$1/(1+10\%)^2$ = 0.826	$1/(1+10\%)^3$ = 0.751
预测期股权现金流量现值	− 2 723.36	606.61	606.69
后续期价值	21 638.53		28 812.96
H 公司股权价值	− 2 723.36 + 606.61 + 606.69 + 21 638.53 = 20 128.47		

（3）该增资为 H 公司原股东带来的净现值 = 20 128.47 × 70% + 3 000 − 4 452
= 12 637.93（万元）

该增资为 A 公司带来的净现值 = 20 128.47 × 30% − 3 000 = 3 038.54（万元）

（4）该增资为 A 公司带来的净现值大于 0，因此，A 公司增资是可行的。

2.【答案】

（1）各投资中心的投资报酬率：

A 投资中心的投资报酬率 = 10 400 ÷ 89 500 = 11.62%

B 投资中心的投资报酬率 = 8 450 ÷ 66 500 = 12.70%

C 投资中心的投资报酬率 = 15 800 ÷ 116 000 = 13.62%

评价：C 投资中心的业绩最优，A 投资中心的业绩最差。

（2）各投资中心的剩余收益：

A 投资中心的剩余利益 =10 400 －89 500 ×10% =1 450（万元）

B 投资中心的剩余利益 =8 450 －66 500 ×11% =1 135（万元）

C 投资中心的剩余利益 =15 800 －116 000 ×9% =5 360（万元）

评价：C 投资中心的业绩最优，B 投资中心的业绩最差。

（3）各投资中心的经济增加值：

A 投资中心的经济增加值 =10 400 ×（1 －25%）－89 500 ×10% ×（1 －25%）
=1 087.5（万元）

B 投资中心的经济增加值 =8 450 ×（1 －25%）－66 500 ×10% ×（1 －25%）
=1 350（万元）

C 投资中心的经济增加值 =（15 800 +200）×（1 －25%）－（116 000 +200/2）×10% ×（1 －25%）
=3 292.5（万元）

评价：C 投资中心的业绩最优，A 投资中心的业绩最差。

3.【答案】

（1）A 产品：

A 产品销售收入 =300 ×14 000 =4 200 000（元）

A 产品边际贡献 =（300 －220）×14 000 =1 120 000（元）

B 产品：

B 产品销售收入 =380 ×50 000 =19 000 000（元）

B 产品边际贡献 =（380 －260）×50 000 =6 000 000（元）

C 产品：

C 产品销售收入 =420 ×60 000 =25 200 000（元）

C 产品边际贡献 =（420 －320）×60 000 =6 000 000（元）

加权平均边际贡献率 =（1 120 000 +6 000 000 +6 000 000）/（4 200 000 +19 000 000 +25 200 000）
=27.11%

加权平均保本销售额 = 固定成本/加权平均边际贡献率
=1 800 000/27.11%
=6 639 616.38（元）

销售收入合计 =4 200 000 +19 000 000 +25 200 000 =48 400 000（元）

A 产品保本销售额 =6 639 616.38 ×4 200 000/48 400 000 =576 165.06（元）

B 产品保本销售额 =6 639 616.38 ×19 000 000/48 400 000 =2 606 460.98（元）

C 产品保本销售额 =6 639 616.38 ×25 200 000/48 400 000 =3 456 990.35（元）

A 产品保本销售量 =576 165.06/300 =1 921（件）

B 产品保本销售量 =2 606 460.98/380 =6 859（件）

C 产品保本销售量 =3 456 990.35/420 =8 231（件）

（2）加权平均保利销售额 =（固定成本 + 目标利润）/加权平均边际贡献率
=（1 800 000 +1 300 000）/27.11%

=11 434 894. 87（元）

A 产品保利销售额 =11 434 894. 87 ×4 200 000/48 400 000 =992 284. 27（元）

B 产品保利销售额 =11 434 894. 87 ×19 000 000/48 400 000 =4 488 905. 01（元）

C 产品保利销售额 =11 434 894. 87 ×25 200 000/48 400 000 =5 953 705. 59（元）

A 产品保利销售量 =992 284. 27/300 =3 308（件）

B 产品保利销售量 =4 488 905. 01/380 =11 813（件）

C 产品保利销售量 =5 953 705. 59/420 =14 175（件）

4. 【答案】

旧设备的账面价值 =100 000 -15 000 ×3 =55 000（元）

单位：元

项目	现金流量	时间（年次）	系数 -10%	现值
继续用旧设备：				
旧设备变现价值	-20 000	0	1	-20 000
旧设备变现损失减税	（20 000 -55 000） ×0. 25 = -8 750	0	1	-8 750
每年付现操作成本	-8 600 ×（1 -0. 25） = -6 450	1 ~4	3. 170	-20 446. 5
每年折旧抵税	15 000 ×0. 25 =3 750	1 ~3	2. 487	9 326. 25
2 年末大修成本	-28 000 ×（1 -0. 25） = -21 000	2	0. 826	-17 346
残值变现收入	15 000	4	0. 683	10 245
残值变现利得纳税	-（15 000 -10 000） ×0. 25 = -1 250	4	0. 683	-853. 75
合计				-47 825
更换新设备：				
设备投资	-80 000	0	1	-80 000
每年付现操作成本	-5 000 ×（1 -0. 25） = -3 750	1 ~4	3. 170	-11 887. 5
每年折旧抵税：				
第 1 年	28 800 ×0. 25 =7 200	1	0. 909	6 544. 8
第 2 年	21 600 ×0. 25 =5 400	2	0. 826	4 460. 4
第 3 年	14 400 ×0. 25 =3 600	3	0. 751	2 703. 6
第 4 年	7 200 ×0. 25 =1 800	4	0. 683	1 229. 4
残值变现收入	10 000	4	0. 683	6 830
残值变现利得纳税	-（10 000 -8 000） ×0. 25 = -500	4	0. 683	-341. 5
合计				-70 460. 8

更换新设备的现金流出总现值是 70 460. 8，继续使用旧设备的现金流出总现值是 47 825。因此，继续使用旧设备比较好。

5. 【答案】

（1）第一步骤成本计算如下：

第一步骤成本计算单

2019年6月 单位：元

	直接材料	直接人工	制造费用	合计
月初在产品成本	13 200	5 845	8 900	27 945
本月生产费用	98 690	44 000	67 410	210 100
合计	111 890	49 895	76 310	238 095
分配率	111 890/(2 750 +80) =39.54	49 895/(2 750 + 80 ×60%) =17.83	76 310/(2 750 +48) =27.27	
产成品中本步骤份额	108 735	49 032.5	74 992.5	232 760
月末在产品	3 165	862.5	1 317.5	5 345

原材料在第一步骤生产开工时一次投入，各个步骤加工成本费用陆续发生。

第一步骤直接材料月末在产品约当产量 =80（件）

第一步骤直接人工月末在产品约当产量 =80 ×60% =48（件）

第一步骤制造费用月末在产品约当产量 =80 ×60% =48（件）

第二步骤成本计算如下：

第二步骤成本计算单

2019年6月 单位：元

项目	半成品	直接材料	直接人工	制造费用	合计
月初在产品成本			4 650	9 250	13 900
本月生产费用	232 760		60 650	77 350	370 760
合计	232 760		65 300	86 600	384 660
分配率	232 760/(2 800 + 110) =79.99		65 300/(2 800 + 55) =22.87	86 600/(2 800 + 55) =30.33	
产成品中本步骤份额	223 972		64 036	84 924	372 932
月末在产品	8 788		1 264	1 676	11 728

第二步骤直接人工月末在产品约当产量 =110 ×50% =55（件）

第二步骤制造费用月末在产品约当产量 =110 ×50% =55（件）

（2）产成品成本汇总如下：

产成品成本汇总计算表

2019年6月 单位：元

	直接材料	直接人工	制造费用	合计
第一步骤	223 972 ×108 735/232 760 =104 629.64	223 972 ×49 032.5/232 760 =47 181.25	223 972 ×74 992.5/232 760 =72 161.11	223 972
第二步骤		64 036	84 924	148 960
合计	104 629.64	111 217.25	157 085.11	372 932
单位成本	37.37	39.72	56.10	133.19

四、综合题

【答案】

(1) $1\ 000 \times 7\% \times (P/A, r_d, 10) + 10 \times [40 \times (1+8\%)^5 - 50] \times (P/F, r_d, 5) + 1\ 000 \times (P/F, r_d, 10) = 1\ 000$

$70 \times (P/A, r_d, 10) + 87.73 \times (P/F, r_d, 5) + 1\ 000 \times (P/F, r_d, 10) = 1\ 000$

当 $r_d = 7\%$ 时,

$70 \times (P/A, 7\%, 10) + 87.73 \times (P/F, 7\%, 5) + 1\ 000 \times (P/F, 7\%, 10) = 70 \times 7.0236 + 87.73 \times 0.7136 + 1\ 000 \times 0.5083 = 1\ 062.56$ (元)

当 $r_d = 8\%$ 时,

$70 \times (P/A, 8\%, 10) + 87.73 \times (P/F, 8\%, 5) + 1\ 000 \times (P/F, 8\%, 10) = 70 \times 6.7101 + 87.73 \times 0.6806 + 1\ 000 \times 0.4632 = 992.62$ (元)

$(r_d - 7\%)/(8\% - 7\%) = (1\ 062.56 - 1\ 000)/(1\ 062.56 - 992.62)$

$r_d = 7.89\%$

(2) 税前债务资本成本 $= 6.86\% + [(5.96\% - 4.88\%) + (6.86\% - 5.92\%) + (7.48\% - 6.86\%)]/3$

$= 7.74\%$

股权资本成本 $= 6.86\% + 1.6 \times 6\% = 16.46\%$

(3) 股东权益增加 $= 15\ 000 \times (1 + 10\%) = 16\ 500$ (万元)

长期资本负债率 $= (40\ 000 + 30\ 000)/(40\ 000 + 30\ 000 + 80\ 000 + 16\ 500) = 42.04\%$

利息保障倍数 $= [20\ 000 \times (1 + 10\%) + 3\ 000 + 30\ 000 \times 7\%]/(3\ 000 + 300 + 30\ 000 \times 7\%)$

$= 27\ 100/5\ 400$

$= 5.02$

(4) 发行附认股权证债券的税前资本成本高于 X 公司税前债务资本成本，低于股权资本成本且符合借款合同在保护性条款的要求，所以筹资方案可行。

2020年注册会计师全国统一考试
《财务成本管理》全真模拟试题（二）

一、单项选择题（本题型共14小题，每小题1.5分，共21分。每小题只有一个正确答案，请从每小题的备选答案中选出一个你认为最正确的答案，用鼠标点击相应的选项。）

1. 一项500万元的借款，借款期为5年，年利率为8%，若每半年复利一次，则名义利率比实际利率降低（　　）。

A. 0.16%　　B. 8.16%

C. 0.08%　　D. 8.08%

2. 在投资项目决策分析时，根据各项指标得出的结论出现了差异，下列说法中，正确的是（　　）。

A. 以内含报酬率法得出的结论为准

B. 以会计报酬率法得出的结论为准

C. 以现值指数法得出的结论为准

D. 以净现值法得出的结论为准

3. 甲公司是一家上市公司，2017年的利润分配方案如下：每10股送2股并派发现金红利20元（含税），资本公积每10股转增3股。如果股权登记日的股票收盘价为每股26元，则除权（息）日的股票参考价格为（　　）元。

A. 10　　B. 14.38

C. 16　　D. 16.67

4. ABC公司拟发行30年期的债券，面值1 000元，利率为10%（按年付息），所得税税率为40%，发行费用率为面值的1%。则该公司税后债务成本为（　　）。

A. 6%　　B. 10.11%

C. 6.06%　　D. 12.3%

5. 下列关于投资组合的风险和报酬的表述中，不正确的是（　　）。

A. 单纯改变相关系数，只影响投资组合的风险，而不影响投资组合的预期报酬率

B. 当代投资组合理论认为不同股票的投资组合可以降低风险，股票的种类越多，风险越小，包括全部股票的投资组合风险为零

C. 资产的风险报酬率是该项资产的贝塔值和市场风险报酬率的乘积，而市场风险报酬率是市场投资组合的期望报酬率与无风险报酬率之差

D. 在证券的市场组合中，所有证券的贝塔系数加权平均数等于1

6. 甲公司只生产一种产品，产品单价为12元，单位变动成本为4元，产品销量为10万件/年，固定成本为5万元/年，利息支出为4万元/年。甲公司的财务杠杆为（　　）。

A. 1.18　　B. 1.26

C. 1.33　　D. 1.07

7. 已知销售增长10%可使每股收益增长45%，又已知销量的敏感系数为1.5，则该公司的财务杠杆系数为（　　）。

A. 3　　B. 2

C. 1　　D. 4

8. 下列作业中，属于随着批次变动而变动的作业的是（　　）。

A. 批次级作业　　B. 单位级作业

C. 品种级作业　　D. 生产维持级作业

9. 在制造成本法下，下列各项支出中，可以计入产品成本的是（　　）。

A. 存货跌价损失

B. 行政管理部门使用的固定资产计提的折旧

C. 生产车间管理人员的工资

D. 行政管理部门耗用的水电费

10. 甲产品在生产过程中，需经过二道工序，第一道工序定额工时2小时，第二道工序定额工时3小时。期末，甲产品在第一道工序的在产品40件，在第二道工序的在产品20件。作为分配计算在产品加工成本（不含原材料成本）的依据，其期末在产品按加权平均法计算的约当产量为（　　）件。

A. 18　　B. 22

C. 28　　D. 36

11. 相对于发行股票而言，发行债券筹资的优点为（　　）。

A. 筹资风险小　　B. 限制条款少

C. 筹资额度小　　D. 有利于资源优化配置

12. 下列各项中，属于"直接人工标准工时"组成内容的是（　　）。

A. 由于设备意外故障产生的停工工时

B. 由于更换产品产生的设备调整工时

C. 由于生产作业计划安排不当产生的停工工时

D. 由于外部供电系统故障产生的停工工时

13. 下列各项中，属于资本市场工具的是（　　）。

A. 商业票据　　B. 银行长期贷款

C. 可转让存单　　D. 短期国债

14. 下列各项中，不受会计年度制约，预算期始终保持在一定时间跨度的预算方法是（　　）。

A. 固定预算　　B. 弹性预算法

C. 定期预算法　　D. 滚动预算法

二、多项选择题（本题型共12小题，每小题2分，共24分。每小题均有多个正确答案，请从每小题的备选答案中选出你认为正确的答案，用鼠标点击相应的选项。每小题所有答案选择正确的得分，不答、错答、漏答均不得分。）

1. 甲企业2016年的可持续增长率为15%，预计2017年不增发新股，营业净利率下降，其他财务比率不变，则（　　）。

A. 2017年实际增长率高于15%

B. 2017年可持续增长率低于15%

C. 2017年实际增长率低于15%

D. 2017年可持续增长率高于15%

2. 下列各项中，不属于速动资产的有（　　）。

A. 存货　　B. 应收账款

C. 预付款项　　D. 交易性金融资产

3. 在下列效率不同的资本市场中，投资基金利用市场公开信息进行价值分析和投资不可获取超额收益的有（　　）。

A. 强式有效市场　　B. 半强式有效市场

C. 弱式有效市场　　D. 无效市场

4. 当其他因素不变时，会使杠杆贡献率提高的变动因素有(　　)。

A. 净经营资产净利率提高

B. 税后利息率下降

C. 净经营资产净利率与税后利息率等额提高

D. 净财务杠杆提高

5. 甲公司2019年实现税后经营净利润200万元，折旧与摊销为30万元，经营性流动资产增加80万元，经营性流动负债增加30万元，净经营性长期资产增加80万元。下列说法中，正确的有（　　）。

A. 甲公司2019年的营业现金毛流量为170万元

B. 甲公司2019年的经营性营运资本增加为50万元

C. 甲公司2019年的资本支出为80万元

D. 甲公司2019年的实体现金流量为70万元

6. 下列关于资本资产定价模型β系数的表述中，正确的有（　　）。

A. β系数可以为负数

B. 某股票的β值反映该股票收益率变动与股票市场收益率变动之间的相关程度

C. 投资组合的β系数一定会比组合中任一单项证券的β系数低

D. β系数反映的是证券的系统风险

7. 为防止经营者背离股东目标，股东可以采取的措施有（　　）。

A. 要求经营者定期披露信息　　B. 聘请注册会计师审计财务报告

C. 给予经营者股票期权奖励　　D. 对经营者发放绩效年薪

8. 在其他因素不变的情况下，当（　　）变量增加时，看涨期权价值会上升。

A. 股票市价　　B. 执行价格

C. 股价波动率　　　　　　　　　　D. 红利

9. 下列关于发放股票股利和股票分割的说法中，正确的有（　　）。

A. 都不会对公司股东权益总额产生影响

B. 都会导致股数增加

C. 都会导致每股面额降低

D. 都可以达到降低股价的目的

10. 下列关于营业预算编制的说法中，不正确的有（　　）。

A. 销售预算是整个预算的编制起点

B. 生产预算中不涉及现金收支

C. 产品成本预算是直接材料预算、直接人工预算和制造费用预算的汇总

D. 销售和管理费用预算以销售预算为基础

11. 作业成本法的局限性有（　　）。

A. 开发和维护费用较高

B. 作业成本法不符合对外财务报告的需要

C. 确定成本动因比较困难

D. 成本分配基础与间接成本集合之间缺乏因果联系

12. 下列关于证券市场线的有关表述中，不正确的有（　　）。

A. 无风险利率提高，证券市场线向下平移

B. 投资者风险厌恶感加强，会提高证券市场线的斜率

C. 投资者风险厌恶感加强，会降低资本市场线的斜率

D. 证券市场线适用于单项资产或资产组合

三、计算分析题（本题型共5小题40分。其中一道小题可以选用中文或英文解答，请仔细阅读答题要求。如使用英文解答，须全部使用英文，答题正确的，增加5分。本题型最高得分为45分。涉及计算的，要求列出计算步骤，否则不得分，除非题目特别说明不需要列出计算过程。）

1. 甲公司是一家高科技上市公司，流通在外普通股加权平均股数3 000万股，2018年净利润6 000万元。为回馈投资者，甲公司董事会正在讨论相关分配方案，资料如下：

方案一：每10股发放股票股利10股。

方案二：每10股发放现金股利5元。

预计股权登记日：2019年8月20日；

除权（除息）日：2019年8月21日；

现金红利到账日：2019年8月21日；

新增无限售条件流通股份上市日：2019年8月22日。

假设甲公司股票2019年8月20日收盘价为每股30元。

要求：

（1）如果采用方案一，计算发放股票股利后甲公司每股收益、每股除权参考价。如果通过股票分割达到同样的每股收益稀释效果，设计股票分割方案，并简述股票股利与股票分割的异同。

（2）如果采用方案二，计算甲公司每股收益、每股股利。如果通过股票回购等额现金支付给股东，回购价格每股40元。设计股票回购方案，并简述现金股利与股票回购的异同。

2. 甲公司是一家上市公司，其股票2015年8月1日的收盘价为每股50元。有一种以该股票为标的资产的看涨期权，执行价格为53元，到期时间是3个月。3个月以内甲公司不会派发股利，3个月以后股价有2种变动的可能：上升到58元或者下降到40元。3个月到期的政府债券利率为4%（年名义利率）。

要求：

（1）利用风险中性原理，计算甲公司股价的上行概率和下行概率以及看涨期权的价值。（结果保留4位小数）

（2）如果该看涨期权的现行价格是2.5元，请根据套利原理，构建一个投资组合进行套利。

3. 甲公司是一家机械制造企业，只生产销售一种产品，生产过程分为两个步骤在两个基本生产车间进行，第一车间为第二车间提供半成品，第二车间将半成品加工成产成品，每件产成品耗用2件半成品。产品成本计算采用平行结转分步法，月末完工产品和在产品之间采用加权平均约当产量法分配生产成本。

原材料在第一步骤生产开工时一次投入，各个步骤加工成本费用陆续发生，第一步骤和第二步骤月末在产品完工程度分别为本步骤的50%和40%。

2015年6月的成本核算资料如下：

（1）月初在产品成本资料如下：

单位：元

	直接材料	直接人工	制造费用	合计
第一步骤	11 200	5 845	8 900	25 945
第二步骤		4 650	9 250	13 900

（2）本月生产量资料如下：

单位：件

	月初在产品数量	本月投产数量	本月完工数量	月末在产品数量
第一步骤	120	2 700	2 750	70
第二步骤	150	2 750	2 800	100

（3）本月发生的生产费用资料如下：

单位：元

	直接材料	直接人工	制造费用	合计
第一步骤	98 690	44 050	67 410	210 150
第二步骤		60 670	77 370	138 040

要求：

（1）编制第一、第二车间成本计算单。（计算结果填入下方表格中，不用列出计算过程）

第一车间成本计算单

2015 年 6 月　　单位：元

	直接材料	直接人工	制造费用	合计
月初在产品成本				
本月生产费用				
合计				
分配率				
产成品中本步骤份额				
月末在产品				

第二车间成本计算单

2015 年 6 月　　单位：元

	直接材料	直接人工	制造费用	合计
月初在产品成本				
本月生产费用				
合计				
分配率				
产成品中本步骤份额				
月末在产品				

（2）编制产成品成本汇总计算表。（计算结果填入下方表格中，不用列出计算过程）

产成品成本汇总计算表

2015 年 6 月　　单位：元

	直接材料	直接人工	制造费用	合计
第一步骤				
第二步骤				
合计				
单位成本				

4. A 公司是一家食品制造企业，2018 年 12 月的销售额为 150 万元，2019 年 1 月份的销售额和 2019 年 2 月份、3 月份的预计销售额分别为 200 万元、120 万元、180 万元。其他有关资料如下：

（1）公司的收账政策：当月销售当月收现 70%，下月收回 20%，第三个月收回 10%。

（2）公司材料采购按下月销售额的 90% 采购。付款政策：当月购买当月付现 80%，再分两个月平均支付其余的 20%。

（3）假设公司要求每月持有的现金不得低于 2 万元，不足的现金通过银行借款来调整。

（4）设借款年利率为 12%，借款或还款的本金必须是 3 000 元的整数倍，利随本清，期初借款，期末还款。

（5）假设该公司销售的产品和购买的材料适用的增值税税率为 13%。

要求：

（1）计算确定 2019 年 2 月份销售现金流入量和购买材料的现金流出量。

（2）计算确定 2019 年 2 月末资产负债表中“应收账款”和“应付账款”项目金额。

（3）假设 2019 年 2 月份预计的现金余缺为 -9.83 万元，计算确定 2 月末的现金余额。

（4）根据（3），假设 2019 年 3 月份预计的现金余缺为 6.14 万元，计算确定 3 月末的现金余额。

5. 甲公司计划进行某项投资活动，有 A、B 两个备选的互斥投资方案，资料如下：

（1）A 方案原始投资 150 万元，其中，固定资产投资 100 万元，营运资本投资 50 万元，全部资金于初始期起点一次投入，经营期为 5 年。税法规定计提折旧年限为 5 年，项目终结时点，到期固定资产残值收入 5 万元，与税法规定残值一致，并收回全部营运资本投资。预计投产后年营业收入 100 万元，付现成本 60 万元。

（2）B 方案原始投资 200 万元，其中，固定资产投资 120 万元，营运资本投资 80 万元。建设期 2 年，经营期为 5 年，税法规定计提折旧年限为 5 年。固定资产投资于建设期起点投入，营运资本投资于建设期结束时投入。项目终结时点，收回所有营运资本投资，并获得固定资产残值收入 10 万元，与税法规定残值一致。项目投产后，年营业收入 160 万元，年付现成本 80 万元。甲企业所在行业的基准折现率为 10%，所得税税率为 25%。

要求：

（1）计算 A、B 方案各年的净现金流量。

（2）计算 A、B 方案包括建设期的静态回收期。

（3）计算 A、B 方案的净现值。

（4）计算 A、B 两个方案净现值的等额年金，并比较两个方案的优劣。

四、综合题（本题共 15 分。涉及计算的，要求列出计算步骤，否则不得分，除非题目特别说明不需要列出计算过程。）

甲公司是一家家电生产类上市公司，为占领市场并优化资本结构，公司拟于 2019 年末发行可转换债券筹资 30 000 万元。目前公司股票价格为每股 40 元，预计股价未来增长率 6%；长期借款合同中保护性条款约定甲公司长期资本负债率不可高于 50%、利息保障倍数不可低于 5 倍。为确定筹资方案是否可行，收集资料如下：

资料一：甲公司尚无上市债券，也找不到合适的可比公司，评级机构评定甲公司的信用级别为 AA 级。目前上市交易的 AA 级公司债券与之到期日相近的政府债券如下：

公司债券			政府债券	
发行公司	到期日	到期收益率	到期日	到期收益率
乙	2022 年 11 月 30 日	5.92%	2022 年 11 月 30 日	4.88%
丙	2025 年 1 月 1 日	6.82%	2025 年 1 月 1 日	5.46%
丁	2029 年 11 月 30 日	7.86%	2029 年 11 月 30 日	6.02%

甲公司股票目前 β 系数为 1.32，市场风险溢价为 6%，企业所得税税率为 25%。假设公司所筹资金全部用于购置资产，资本结构以长期资本账面价值计算权重。

资料二：筹资方案。甲公司拟平价发行可转换债券，面值 1 000 元，票面利率 5%，期限 10 年，每年末付息一次，到期还本。每份债券可转换 20 股普通股，不可赎回期 5 年，5 年后赎回价 1 040 元，此后每年递减 5 元。不考虑发行成本等其他费用。

资料三：甲公司 2019 年预计财务报表主要数据如下：

单位：万元

资产负债表项目	2019 年末
资产总计	105 000
流动负债	5 000
长期借款	20 000
股东权益	80 000
负债和股东权益总计	105 000
利润表项目	2019 年度
营业收入	220 000
财务费用	1 000
利润总额	16 000
所得税费用	4 000
净利润	12 000

甲公司 2019 年财务费用均为利息费用，资本化利息 460 万元。如果甲公司按筹资方案发债，预计 2020 年营业收入比 2019 年增长 20%，财务费用在 2019 年财务费用基础上增加新发债券利息，资本化利息保持不变，企业应纳税所得额为利润总额，营业净利率保持 2019 年水平不变，不分配现金股利。

要求：

（1）为判断筹资方案是否可行，根据资料一，利用风险调整法，计算甲公司税前债务资本成本；假设无风险利率参考 10 年期政府债券到期收益率，计算股权资本成本。

（2）根据资料二，计算发行可转换债券的资本成本。

（3）为判断是否符合借款合同中保护性条款的要求，根据资料三，计算筹资方案执行后 2020 年末长期资本负债率、利息保障倍数。

（4）基于上述结果，判断筹资方案是否可行，并简要说明理由。

2020 年注册会计师全国统一考试《财务成本管理》全真模拟试题（二）参考答案及解析

一、单项选择题

1. 【答案】A

【解析】实际利率 $=(1+r/m)^m-1=(1+8\%/2)^2-1=8.16\%$；实际利率高出名义利率 $=8.16\%-8\%=0.16\%$。

2. 【答案】D

【解析】净现值法具有广泛的适用性，在理论上比其他方法更完善。净现值反映一个项目按现金流量计算的净收益现值。

3. 【答案】C

【解析】除权（息）参考价 =（股权登记日收盘价 - 每股现金股利）/（1 + 送股率 + 转增率）=（26 - 2）/（1 + 0.2 + 0.3）= 16（元）。

4. 【答案】C

【解析】将题目中数据带入公式：$1\,000\times(1-1\%)=\sum_{t=1}^{30}\frac{100}{(1+r_d)^t}+\frac{1\,000}{(1+r_d)^{30}}$，得出 $r_d=10.11\%$，税后债务成本 $r_{dt}=10.11\times(1-40\%)=6.06\%$。

5. 【答案】B

【解析】当代证券组合理论认为不同股票的投资组合可以降低公司的特有风险，股票的种类越多，承担公司的特有风险就越小，但投资组合不能分散市场风险。对于包括全部股票的投资组合，只要进行合适的投资组合，则全部股票的投资组合就只承担市场风险，而不承担公司的特有风险。所以选项 B 不正确。

6. 【答案】D

【解析】财务杠杆系数 = 息税前利润/（息税前利润 - 利息）= $[(12-4)\times10-5]/[(12-4)\times10-5-4]=1.07$。

7. 【答案】A

【解析】公司的财务杠杆系数 $=\frac{45\%}{10\%\times1.5}=3$。

8. 【答案】A

【解析】单位级作业随着产量变动而变动的。批次级作业随着产品的批次数的变动而变动。品种级作业是按产品的品种进行的作业。生产维持级作业是指为维持企业的生产能力而进行的作业，不随产品的数量、批次种类变化。

9. 【答案】C

【解析】在制造成本法下，生产车间管理人员的工资和因操作不当造成的废品净损失可以计入产品成本，存货跌价损失计入资产减值损失；行政管理部门使用的固定资产计提的折旧和耗用的水电费应计入管理费用。因此选项 C 正确。

10. 【答案】B

【解析】第一道工序的完工程度为：$(2\times50\%)/(2+3)\times100\%=20\%$，第二道工序的完工程度为：$(2+3\times50\%)/(2+3)\times100\%=70\%$，期末在产品约当产量 $=40\times20\%+20\times70\%=22$（件）。

11. 【答案】D

【解析】债券筹资的优点主要有：①筹资规模较大；②具有长期性和稳定性；③有利于资源优化配置。债券筹资的缺点主要有：①发行成本高；②信息披露成本高；③限制条件多。

12. 【答案】B

【解析】标准工时指在现有生产条件下，生产产品所需的时间，包括直接加工操作必不可少的时间，及必要的间歇和停工（如工间休息、调整设备时间）；选项 A、C、D 为意外或管理不当所占用的时间，不属于标准工时的组成内容。

13. 【答案】B

【解析】资本市场是指期限在 1 年以上的金融工具交易市场。资本市场的主要功能是进行长期资本的融通。资本市场的工具包括股票、公司债券、长期政府债券和银行长期贷款等。

14. 【答案】D

【解析】滚动预算的要点在于：使预算期与会计年度相脱节，随着预算的执行不断延伸补充预算，逐期（月、季、混合）向后滚动，使预算期永远保持为一个固定期间。

二、多项选择题

1. 【答案】BC

【解析】在不增发新股的情况下，如果某年可持续增长率计算公式中的 4 个财务比率中有一个或多个数值比上年下降，本年的实际销售增长率就会低于上年的可持续增长率，本年的可持续增长率就会低于上年的可持续增长率。由此可知，选项 B、C 正确，选项 A、D 错误。

2. 【答案】AC

【解析】流动资产中货币资金、交易性金融资产和各种应收款项等为速动资产。存货、待摊费用、预付款项、一年内到期的非流动资产及其他流动资产等，称为非速动资产。

3. 【答案】AB

【解析】在半强式有效市场中，历史信息和公开信息已反映于股票价格，不能通过对历史信息和公开信息的分析获得超额收益；在强式有效市场中，对投资人来说，不能从公开和非公开的信息分析中获得超额收益。

4. 【答案】ABD

【解析】杠杆贡献率 =（净经营资产净利率 - 税后利息率）× 净财务杠杆，从公式可以看出净经营资产净利率与税后利息率等额提高不会影响杠杆贡献率。

5. 【答案】BD

【解析】营业现金毛流量 = 税后经营净利润 + 折旧与摊销 = 200 + 30 = 230（万元）；经营性营运资本增加 = 经营性流动资产增加 - 经营性流动负债增加 = 80 - 30 = 50（万元）；资本支出 = 净经营性长期资产增加 + 折旧与摊销 = 80 + 30 = 110（万元）；实体现金流量 = 营业现金毛流量 - 经营营运资本增加 - 资本支出 = 230 - 50 - 110 = 70（万元）。

6. 【答案】AD

【解析】某股票的 β 值的大小反映了该股票收益的变动与整个股票市场收益变动之间的相关性及其程度。所以选项 B 不正确。由于投资组合的 β 系数等于单项资产的 β 系数的加权平均数。所以选项 C 不正确。

7. 【答案】ABCD

【解析】为了防止经营者背离股东目标，一般有两种方式：①监督；②激励。选项 C、D 属于激励，选项 A、B 属于监督。

8. 【答案】AC

【解析】如果其他因素不变，股票市价上升，看涨期权的价值也上升；执行价格上升，看涨期权价值下降。所以选项 A 正确，选项 B 错误。股价的波动率增加会使期权的价值增加。所以选项 C 正确。支付红利增加，股票市价下跌，看涨期权价值下降。所以选项 D 错误。

9. 【答案】ABD

【解析】股票股利是公司以发放的股票作为股利的支付方式。发放股票股利可以导致股数增加，但是不会导致每股面额降低，也不会对公司股东权益总额产生影响（仅仅是引起股东权益各项目的结构发生变化），发放股票股利后，如果盈利总额不变，市盈率不变，会由于普通股股数增加而引起每股收益和每股市价的下降。股票分割是指将面额较高的股票交换成面额较低的股票的行为。股票分割时，发行在外的股数增加，使得每股面额降低，每股盈余下降；但公司价值不变，股东权益总额、股东权益各项目的金额及其相互间的比例也不会改变。对于公司来讲，实行股票分割的主要目的在于通过增加股票股数降低每股市价，从而吸引更多的投资者。

10. 【答案】CD

【解析】销售预算是整个预算的编制起点，所以选项 A 正确；生产预算以实物量指标反映预算期的生产量，不涉及现金收支，所以选项 B 正确；产品成本预算是销售预算、生产预算、直接材料预算、直接人工预算和制造费用预算的汇总，所以选项 C 不正确；销售费用预算以销售预算为基础，管理费用预算一般以过去的实际开支为基础，按预算期的可预见变化来调整，所以选项 D 不正确。

11. 【答案】ABC

【解析】成本分配基础与间接成本集合之间缺乏因果联系是传统的成本计算方法的缺点，所以选项 D 错误。

12. 【答案】AC

【解析】无风险利率影响证券市场线的截距，截距提高，证券市场线向上平移，所以选项 A 不正确；证券市场线向下平移证券市场线的斜率表示经济系统中风险厌恶感的程度，一般来说，投资者对风险的厌恶感越强，证券市场线的斜率越大，所以选项 C 不正确。

三、计算分析题

1.【答案】

（1）每股收益 = 6 000/(3 000 + 3 000/10 × 10) = 1（元）

每股除权参考价 = 30/(1 + 1) = 15（元）

股票分割方案：按 1 股换成 2 股的比例进行股票分割。

相同点：普通股股数增加，每股收益和每股市价下降；资本结构不变。

不同点：股票分割会降低每股面值，股票股利不会降低每股面值；股票分割不会导致股东权益内部结构变化，股票股利会导致股东权益内部结构变化；股票分割不属于股利支付方式，股票股利属于股利支付方式。

（2）每股收益 = 6 000/3 000 = 2（元）

每股股利 = 5/10 = 0.5（元）

股利总额 0.5 × 3 000 = 1 500（万元）

股票回购股数 = 1 500/40 = 37.5（万股）

股票回购方案：按照回购价格每股 40 元回购 37.5 万股股票。

相同点：股东都会得到现金收入 1 500 万元，公司所有者权益都会减少 1 500 万元。

不同点：股票回购却有着与发放现金股利不同的意义。

对股东而言，股票回购后股东得到的资本利得需要缴纳资本利得税，发放现金股利后股东则需缴纳股利收益税。

对公司而言，股票回购有利于增加公司价值：

第一，公司进行股票回购的目的之一是向市场传递股价被低估的信号。

第二，当公司可支配的现金流明显超过投资项目所需的现金流时，可以用自由现金流进行股票回购，有助于提高每股收益。

第三，避免股利波动带来的负面影响。

第四，发挥财务杠杆的作用。

第五，通过股票回购，可以减少外部流通股的数量，提高股票价格，在一定程度上降低公司被收购的风险。

第六，调节所有权结构。

2.【答案】

（1）股价上升百分比 = (58 − 50)/50 = 16%

股价下降百分比 = (50 − 40)/50 = 20%

期望报酬率 = 4%/4 = 1%

根据风险中性原理：

无风险利率 = 期望报酬率 = 上行概率 × 股价上升百分比 + 下行概率 × 股价下降百分比

1% = 上行概率 × 16% + (1 − 上行概率) × (−20%)

上行概率 $P = 0.5833$

下行概率 = 1 − 上行概率 = 0.4167

$C_u = 58 - 53 = 5$（元）

$C_d = 0$

看涨期权价值 $= \frac{C_u \times p + C_d \times (1-p)}{1+r} = \frac{5 \times 0.5833 + 0 \times 0.4167}{1+1\%} = 2.8876$（元）

（2）购买股票的股数 $H = \frac{C_u - C_d}{S_u - S_d} = \frac{5-0}{58-40} = 0.28$（股）

借款数额 $= \frac{HS_d - C_d}{1+r} = \frac{0.28 \times 40 - 0}{1+1\%} = 11.09$（元）

按照套利原理，看涨期权的价值 $= HS_0 - B = 0.28 \times 50 - 11.09 = 2.91$（元）

由于目前看涨期权价格为 2.5 元，低于 2.91 元，所以存在套利空间。套利组合应为：卖空 0.28 股股票，买入无风险债券（或按照无风险利率贷出款项）11.09 元，同时买入 1 股看涨期权进行套利，可套利金额 = 2.91 − 2.50 = 0.41（元）。

3.【答案】

（1）第一、第二车间成本计算单如下：

第一车间成本计算单

2015 年 6 月　　单位：元

	直接材料	直接人工	制造费用	合计
月初在产品成本	11 200	5 845	8 900	25 945
本月生产费用	98 690	44 050	67 410	210 150
合计	109 890	49 895	76 310	236 095
分配率	109 890/(5 600 + 270) = 18.7206	49 895/(5 600 + 235) = 8.5510	76 310/(5 600 + 235) = 13.0780	
产成品中本步骤份额	104 835.43	47 885.52	73 236.68	225 957.63
月末在产品	5 054.57	2 009.48	3 073.32	10 137.37

产品成本计算采用平行结转法并且每件产成品耗用 2 件半成品。原材料在第一步骤生产开工时一次投入，各个步骤加工成本费用陆续发生，因此：

第一步骤直接材料月末在产品约当产量 = 100 × 2 + 70 = 270（件）

第一步骤直接材料月末产成品约当产量 = 2 800 × 2 = 5 600（件）

第一步骤直接人工月末在产品约当产量 = 100 × 2 + 70 × 50% = 235（件）

第一步骤制造费用月末在产品约当产量 = 100 × 2 + 70 × 50% = 235（件）

第二车间成本计算单

2015 年 6 月　　单位：元

	直接材料	直接人工	制造费用	合计
月初在产品成本		4 650	9 250	13 900
本月生产费用		60 670	77 370	138 040
合计		65 320	86 620	151 940

续表

	直接材料	直接人工	制造费用	合计
分配率		65 320/(2 800 +40) =23	86 620/(2 800 +40) =30.5	
产成品中本步骤份额		23×2 800 =64 400	30.5×2 800 =85 400	149 800
月末在产品		23×40 =920	30.5×40 =1220	2 140

第二步骤直接人工月末在产品约当产量 =100×40% =40（件）

第二步骤制造费用月末在产品约当产量 =100×40% =40（件）

（2）产品成本汇总计算表如下：

产成品成本汇总计算表

2015 年 6 月　　单位：元

	直接材料	直接人工	制造费用	合计
第一步骤	104 835.43	47 885.52	73 236.68	225 957.63
第二步骤		64 400	85 400	149 800
合计	104 835.43	112 285.52	158 636.68	375 757.63
单位成本	37.44	40.10	56.66	134.20

4.【答案】

（1）2019 年 2 月份销售现金流入量 =（120×70% +200×20% +150×10%）×（1 +13%）
=157.07（万元）

2019 年 2 月份购买材料现金流出量 =（180×90% ×80% +120×90% ×10% +200×90% ×10%）×（1 +13%）
=178.992（万元）

（2）2019 年 2 月末应收账款 =（200×10% +120×30%）×（1 +13%）=63.28（万元）

2019 年 2 月末应付账款 =（120×90% ×10% +180×90% ×20%）×（1 +13%）
=48.816（万元）

（3）设借款额为 X 万元：

X -9.83≥2，解得 X≥11.83 万元，因为：要求借款本金必须是 3 000 元的整数倍，所以：

2019 年 2 月份借款 =12（万元）

2019 年 2 月末的现金余额 =12 -9.83 =2.17（万元）

（4）设还款额为 Y 万元：

6.14 - Y - Y×12% ×2/12≥2，解得 Y≤4.05 万元，因为：要求还款金额必须是 3 000 元整数倍，所以：

2019 年 3 月份还款本金 =3.9（万元）

2019 年 3 月份还款利息 =3.9×12% ÷12×2 =0.078（万元）

3 月末的现金余额 =6.14 -3.9 -0.078 =2.162（万元）

5.【答案】

（1）A 方案年折旧 = (100 − 5)/5 = 19（万元）

第 0 年：−100 − 50 = −150（元）

第 1 ~4 年：100 × (1 − 25%) − 60 × (1 − 25%) + 19 × 25% = 34.75（万元）

第 5 年：50 + 5 + 34.75 = 89.75（万元）

B 方案年折旧 = (120 − 10)/5 = 22（万元）

第 0 年：−120（万元）

第 1 年：0（万元）

第 2 年 = −80（万元）

第 3 ~6 年：160 × (1 − 25%) − 80 × (1 − 25%) + 22 × 25% = 65.5（万元）

第 7 年：80 + 10 + 65.5 = 155.5（元）

（2）A 方案 = 4 + (150 − 34.75 × 4)/89.75 = 4.12（年）

B 方案 = 2 + 3 + (200 − 3 × 65.5)/65.5 = 5.05（年）

（3）A 方案净现值 = −150 + 34.75 × 3.170 + 89.75 × 0.621 = 15.89（万元）

B 方案净现值 = −120 − 80 × 0.826 + 65.5 × 3.170 × 0.826 + 155.5 × 0.513 = 65.2（万元）

（4）A 方案的等额年金 = 15.89/(P/A，10%，5) = 4.19（万元）

B 方案的等额年金 = 65.2/(P/A，10%，7) = 13.39（万元）

所以，B 方案更好。

四、综合题

【答案】

（1）甲公司税前债务资本成本 = [(5.92% − 4.88%) + (6.82% − 5.46%) + (7.86% − 6.02%)]/3 + 6.02%

= 7.43%

筹资后股权资本成本 = 1.32 × 6% + 6.02% = 13.94%

（2）转换价值 = 20 × 40 × $(1 + 6\%)^5$ = 1 070.58（元）

拟平价发行可转换债券，所以票面利率低于等风险普通债券市场利率，所以纯债券价值小于 1 000 元，因此底线价值 = 转换价值 = 1 070.58（元）。

在 5 年末，底线价值大于赎回价格，所以应选择进行转股。

1 000 = 1 000 × 5% × (P/A，rs，5) + 1 070.58 × (P/F，R_d，5)

当 R_d = 6% 时：

1 000 × 5% × (P/A，6%，5) + 1 065.94 × (P/F，6%，5) = 50 × 4.2124 + 1065.94 × 0.7473 = 1 007.20（元）

当 R_d = 7% 时：

1 000 × 5% × (P/A，7%，5) + 1 065.94 × (P/F，7%，5) = 50 × 4.1002 + 1065.94 × 0.7130 = 965.03（元）

(R_d − 6%)/(7% − 6%) = (1 000 − 1 007.20)/(965.03 − 1 007.20)

解得：R_d = 6.17%

（3）股东权益增加 = 12 000 × (1 + 20%) = 14 400（万元）

长期资本负债率 = (20 000 + 30 000)/(20 000 + 30 000 + 80 000 + 14 400) = 36.57%

利息保障倍数 $= [12\ 000 \times (1+20\%)/(1-25\%)+1\ 000+30\ 000\times 5\%]/(1\ 000+30\ 000\times 5\%+460)$

$=21\ 700/2\ 960$

$=7.33$

长期资本负债率低于50%，利息保障倍数高于5倍，符合借款合同中保护性条款的要求。

（4）可转换债券税前资本成本6.17%小于税前债务资本成本7.43%，筹资方案不可行。

2020 年注册会计师全国统一考试
《财务成本管理》全真模拟试题（三）

一、单项选择题（本题型共 14 小题，每小题 1.5 分，共 21 分。每小题只有一个正确答案，请从每小题的备选答案中选出一个你认为最正确的答案，用鼠标点击相应的选项。）

1. 下列各项营运能力比率中，不正确的是（　　）。

A. 应收账款周转天数 = 应收账款/日销售收入

B. 调整后的应收账款周转天数 = 赊销收入/（应收账款平均净额 + 应收票据平均余额 + 坏账准备平均余额）

C. 总资产周转次数等于各项资产周转次数之和

D. 总资产周转率 = 营业收入/总资产的平均余额

2. 甲公司只生产一种产品，产品单价为 8 元，单位变动成本为 5 元，产品销量为 10 万件/年，固定成本为 4 万元/年，利息支出为 2 万元/年，甲公司的联合杠杆为（　　）。

A. 1.18　　B. 1.25

C. 1.33　　D. 1.66

3. 有一项年金，前 3 年无流入，后 5 年每年初流入 100 万元，假设年利率为 10%，则其现值为（　　）万元。

A. 350.53　　B. 320.53

C. 313.27　　D. 318.27

4. 已知 A、B 两种证券报酬率的方差分别为 0.81% 和 0.36%，它们之间的协方差为 0.5%，则两种证券报酬率之间的相关系数为（　　）。

A. 1　　B. 0.3

C. 0.5　　D. 0.93

5. 下列关于可转换债券与附认股权证债券的说法中，不正确的是（　　）。

A. 可转换债券在转换时给公司带来新的资本

B. 相比于附认股权证债券，可转换债券的灵活性较好

C. 可转换债券主要目的是为了发行股票，而附认股权证债券主要目的是为了发行债券

D. 可转换债券的承销费用比附认股权证债券的承销费用低

6. 下列关于投资组合理论的表述中，不正确的是（　　）。

A. 当增加投资组合中资产的种类时，组合风险将不断降低，而收益率仍然是个别资产

收益率的加权平均值

B. 投资组合中的资产多样化到一定程度后，唯一剩下的风险是特别风险

C. 在充分组合的情况下，单个资产的风险对于决策是没有用的，投资人关注的只是投资组合的系统风险

D. 在投资组合理论出现以后，风险是指投资组合的系统风险

7. 下列不属于认股权证的稀释作用的是（　　）。

A. 所有权百分比稀释　　B. 市价稀释

C. 每股净资产稀释　　D. 每股收益稀释

8. 假设 ABC 公司总股本的股数为 200 000 股，现采用公开方式发行 20 000 股，增发前一交易日股票市价为 10 元/股。老股东和新股东各认购了 10 000 股，假设不考虑新募集资金投资的净现值引起的企业价值的变化，在增发价格为 8.02 元/股的情况下，老股东和新股东的财富变化是（　　）。

A. 老股东财富增加 18 000 元，新股东财富也增加 18 000 元

B. 老股东财富增加 18 000 元，新股东财富减少 18 000 元

C. 老股东财富减少 18 000 元，新股东财富也减少 18 000 元

D. 老股东财富减少 18 000 元，新股东财富增加 18 000 元

9. 下列关于激进型、适中型和保守型营运资本筹资策略的说法中，不正确的是（　　）。

A. 低谷时，三种筹资策略下均有：临时性负债 =0

B. 低谷时，三种筹资策略下均有：经营性流动资产 = 稳定性流动资产

C. 如果高峰时使用了临时性负债资金，则三种筹资策略策在经营高峰时易变现率都小于 1

D. 高峰时，三种筹资策略下均有：经营性流动资产 = 稳定性流动资产 + 波动性流动资产

10. 采用平行结转分步法计算各步骤应计入产成品成本的份额时，下列表述中，正确的是（　　）。

A. 应将各步骤生产费用合计在本步骤完工半成品和本步骤在产品之间进行分配

B. 应将各步骤生产费用合计在完工产成品和本步骤在产品之间进行分配

C. 应将各步骤生产费用合计在完工产成品和各步骤在产品之间进行分配

D. 应将各步骤生产费用合计在完工产成品和本步骤广义在产品之间进行分配

11. 下列关于作业成本法的说法中，不正确的是（　　）。

A. 产品成本是全部作业所消耗资源的总和，产品是消耗全部作业的成果

B. 成本动因分为资源成本动因和作业成本动因

C. 作业成本法下，所有成本都需要先分配到有关作业，然后再将作业成本分配到有关产品

D. 在作业成本法下，直接成本的范围较传统成本计算得大

12. 甲公司采用标准成本法进行成本控制，某种产品的变动制造费用标准分配率为 3 元/小时，每件产品的标准工时为 2 小时，2019 年 9 月，该产品的实际产量为 100 件，实际工时为 260 小时，实际发生变动制造费用为 1 000 元，则变动制造费用效率差异为（　　）元。

A. 150　　B. 200

C. 250　　D. 180

13. 根据本量利分析原理，只能提高安全边际而不会降低盈亏临界点的措施的是（　　）。

A. 提高单价　　B. 增加产销量

C. 降低单位变动成本　　D. 压缩固定成本

14. 假设折现率保持不变，溢价发行的平息债券自发行后债券价值将（　　）。

A. 波动下降，到期日之前可能等于债券面值

B. 波动下降，到期日之前可能低于债券面值

C. 波动下降，到期日之前一直高于债券面值

D. 直线下降，至到期日等于债券面值

二、多项选择题（本题型共12小题，每小题2分，共24分。每小题均有多个正确答案，请从每小题的备选答案中选出你认为正确的答案，用鼠标点击相应的选项。每小题所有答案选择正确的得分，不答、错答、漏答均不得分。）

1. 下列关于资本结构理论的表述中，正确的有（　　）。

A. 根据MM理论，当存在企业所得税时，企业负债比例越高，企业价值越大

B. 根据权衡理论，平衡债务利息的抵税收益与代理成本是确定最优资本结构的基础

C. 根据代理理论，当负债程度较高的企业陷入财务困境时，股东通常会选择投资净现值为正的项目

D. 根据优序融资理论，当存在外部融资需求时，首先是选择内源融资，其次是外源融资

2. 下列各项说法中，不正确的有（　　）。

A. 优先股属于金融负债

B. 应付利息属于经营负债

C. 融资租赁引起的长期应付款属于经营负债

D. 短期权益性投资形成的应收股利属于金融资产

3. 本金10 000元，投资5年，报价利率8%，每季度复利一次。下列说选项中，正确的有（　　）。

A. 复利次数为20次

B. 季度利率为2%

C. 实际利息为4 859元

D. 实际得到的利息要比按名义利率计算的利息低

4. 甲投资人同时买入一只股票的1份看涨期权和1份看跌期权，执行价格均为45元，到期日相同，看涨期权的价格为5元，看跌期权的价格为6元。如果不考虑期权费的时间价值，下列情形中，能够给甲投资人带来净收益的有（　　）。

A. 到期日股票价格低于34元

B. 到期日股票价格介于34元至45元之间

C. 到期日股票价格介于45元至56元之间

D. 到期日股票价格高于56元

5. 利用每股收益无差别点法进行资本结构决策分析时，下列表述中，正确的有（　　）。

A. 这种方法侧重于对不同融资方式下的每股收益进行比较

B. 当预计息税前利润高于每股收益无差别点的息税前利润时，债务融资优于普通股融资

C. 没有考虑风险因素

D. 在每股收益无差别点上，每股收益不受融资方式影响

6. 下列各项中，可以用来衡量单个证券投资总风险的指标的有（ ）。

A. β系数　　B. 标准差

C. 方差　　D. 变异系数

7. 平行结转分步法与逐步结转分步法相比，其优点主要有（ ）。

A. 各步骤可以同时计算产品成本

B. 能简化和加速成本计算工作

C. 能够提供了各个步骤的半成品的资料

D. 不需要进行成本还原

8. 下列关于企业价值评估的说法中，不正确的有（ ）。

A. 谋求控股权的投资者认为的“企业股票的公平市场价值”低于少数股权投资者认为的“企业股票的公平市场价值”

B. 公平市场价值是企业未来现金流入的现值

C. 企业的实体价值是股权价值与净债务价值之和

D. 一个企业的公平市场价值，应当是其持续经营价值与清算价值中较低的一个

9. 剩余收益是评价投资中心业绩的指标之一。下列关于投资中心剩余收益指标的说法中，正确的有（ ）。

A. 剩余收益可以根据现有财务报表资料直接计算

B. 剩余收益可以引导部门经理采取与企业总体利益一致的决策

C. 计算剩余收益时，对不同部门可以使用不同的资本成本

D. 剩余收益旨在使经理人员赚取超过资本成本的报酬，促进股东财富最大化

10. 假设其他因素不变，下列变动中导致外部融资额增加的有（ ）。

A. 提高存货周转天数

B. 提高产品毛利率

C. 提高销售成本率

D. 提高股利支付率

11. 公司基于不同的考虑会采用不同的股利分配政策，利用剩余股利政策的公司更多地关注（ ）。

A. 盈余的稳定性　　B. 公司的流动性

C. 投资机会　　D. 资本成本

12. 某项作业本期实际发生成本 132 000 元，按照预算作业成本分配率分配成本 132 550 元，则下列数据中，不应该作为调整率的有（ ）。

A. 1.0042%　　B. 0.9959%

C. 0.4149%　　D. −0.4149%

三、计算分析题（本题型共 5 小题 40 分。其中一道小题可以选用中文或英文解答，请仔细阅读答题要求。如使用英文解答，须全部使用英文，答题正确的，增加 5 分。本题型最高得分为 45 分。涉及计算的，要求列出计算步骤，否则不得分，除非题目特别说明不需要列出计算过程。）

1. X 公司是一家家电生产企业，拟采用管理用财务报表进行财务分析。相关资料如下：

（1）X 公司 2019 年主要财务报表数据如下：

单位：万元

资产负债表项目	2019 年末
货币资金	400
应收账款	800
存货	1 500
固定资产	5 500
资产总计	8 200
应付账款	2 200
长期借款	2 000
股东权益	4 000
负债及股东权益总计	8 200
利润表项目	2019 年末
营业收入	10 000
减：营业成本	6 000
税金及附加	320
销售和管理费用	2 000
财务费用	180
利润总额	1 500
减：所得税费用	375
净利润	1 125

（2）X 公司货币资金全部为经营活动所需，财务费用全部为利息支出，X 公司的企业所得税税率为 25%。

（3）Y 公司是 X 公司的竞争对手，2019 年相关财务比率如下：

	净经营资产净利率	税后利息率	净财务杠杆（净负债/股东权益）	权益净利率
Y 公司	24%	8%	60%	33.6%

要求：

（1）编制 X 公司 2019 年管理用财务报表。（编制结果填入下方表格中，不用列出计算过程）

管理用财务报表项目	2019 年
经营性资产	
经营性负债	
净经营资产	
金融负债	
金融资产	
净负债	
股东权益	
净负债及股东权益总计	
税前经营利润	
减：经营利润所得税	
税后经营净利润	
利息费用	
减：利息费用抵税	
税后利息费用	
净利润	

（2）基于 X 公司管理用财务报表，计算 X 公司的净经营资产净利率、税后利息率、净财务杠杆和权益净利率。（注：资产负债表相关数据用年末数计算）

（3）计算 X 公司与 Y 公司权益净利率的差异，并使用因素分析法，按照净经营资产净利率、税后利息率和净财务杠杆的顺序，对该差异进行定量分析。

2. 甲公司拟投资 A 公司新发行的可转换债券，该债券每张售价为 1 000 元，期限 25 年，票面利率为 10%，转换比率为 20，不可赎回期为 10 年，10 年后的赎回价格为 1 020 元，以后每年递减 5 元，市场上等风险普通债券的市场利率为 12%。A 公司目前的股价为 35 元/股，预计以后每年的增长率为 6%。

要求：

（1）分别计算该债券第 8 年末和第 13 年末的底线价值。

（2）甲公司准备在可转换债券投资后 15 年进行转股或赎回，请计算不同方案下的报酬率，并为甲公司作出投资决策。

3. E 公司生产、销售一种产品，该产品的单位变动成本是 60 元，单位售价是 80 元。该公司目前采用 30 天按发票金额付款的信用政策，80% 的顾客（按销售量计算，下同）能在信用期内付款，另外 20% 的顾客平均在信用期满后 20 天付款，逾期应收账款的收回需要支出占逾期账款 5% 的收账费用，该公司每年的销售量为 36 000 件，平均存货水平为 2 000 件。

为了扩大销售量、缩短平均收现期，该公司拟推出“5/10、2/20、*n*/30”的现金折扣政策。采用该政策后，预计销售量会增加 15%，40% 的顾客会在 10 天内付款，30% 的顾客会在 20 天内付款，20% 的顾客会在 30 天内付款，另外 10% 的顾客平均在信用期满后 20 天付款，逾期应收账款的收回需要支出占逾期账款 5% 的收账费用。为了保证及时供货，平均存货水平需提高到 2 400 件，其他条件不变。

假设等风险投资的最低报酬率为12%，一年按360天计算。

要求：

（1）计算改变信用政策后边际贡献、收账费用、应收账款应计利息、存货应计利息、现金折扣成本的变化。

（2）计算改变信用政策的净损益，并回答E公司是否应推出该现金折扣政策。

4. 甲公司是一家传统制造业上市公司，只生产A产品。2019年甲公司准备新上一条生产线，正在进行项目的可行性研究。相关资料如下：

（1）如果可行，该生产线拟在2019年初投产，经营周期4年。项目需要一栋厂房、一套设备和一项专利技术。目前甲公司有一栋厂房正好适合新项目使用。该厂房正在对外出租，每年末收取租金100万元。2019年末租期到期，可续租也可收回自用。设备购置成本10 000万元，无须安装，可于2020年初投入使用，4年后变现价值1 300万元。税法规定，设备采用直线法计提折旧，折旧年限5年。折旧期满后无残值。专利技术使用费12 000万元，于2019年初一次性支付，期限4年。税法规定，专利技术使用费可按合同约定使用年限平均摊销，所得税税前扣除。

（2）项目需增加营运资本300万元，于2019年初投入，项目结束时收回。预计A产品每年销售1 000万只，单位售价80元，单位变动制造成本60元，每年付现固定制造费用2 000万元，付现销售和管理费用800万元。

（3）项目投资的必要报酬率为12%。甲公司的企业所得税税率为25%。假设项目每年销售收入和付现费用均发生在各年年末。

要求：

（1）计算该项目2019年末～2023年末的相关现金净流量、净现值和现值指数。（计算过程和结果填入下方表格中）

单位：万元

	2019年末	2020年末	2021年末	2022年末	2023年末
现金净流量					
折现系数					
现值					
净现值					
现值系数					

（2）根据净现值和现值指数，判断该项目是否可行，并简要说明理由。

（3）简要回答净现值和现值指数之间的相同点和不同点。

5. 甲公司是一家生产黄豆酱的企业，该公司每年都要在12月份编制下一年度的分季度现金预算。有关资料如下：

（1）该公司只生产一种50千克桶装黄豆酱。由于原材料采购的季节性，只在第二季度进行生产，而销售全年都会发生。

（2）每季度的销售收入预计如下：第一季度900万元，第二季度1 800万元，第三季度800万元，第四季度800万元。

（3）所有销售均为赊销。应收账款期初余额为 200 万元，预计可以在第一季度收回。每个季度的销售有 3/5 在本季度内收到现金，另外 2/5 于下一个季度收回。

（4）采购黄豆原料预计支出 800 万元，第一季度需要预付 50%，第二季度支付剩余的款项。

（5）直接人工费用预计发生 900 万元，于第二季度支付。

（6）付现的制造费用第二季度发生 860 万元，其他季度均发生 200 万元。付现制造费用均在发生的季度支付。

（7）每季度发生并支付销售和管理费用 100 万元。

（8）全年预计所得税 160 万元，分 4 个季度预交，每季度支付 40 万元。

（9）公司计划在下半年安装一条新的生产线，第三季度、第四季度各支付设备款 200 万元。

（10）期初现金余额为 20 万元，没有银行借款和其他负债。公司需要保留的最低现金余额为 10 万元。现金不足最低现金余额时需向银行借款，超过最低现金余额时需偿还借款，借款和还款数额均为 5 万元的倍数。借款年利率为 8%，每季度支付一次利息，计算借款利息时，假定借款均在季度初发生，还款均在季度末发生。

要求：

请根据上述资料，为甲公司编制现金预算。（编制结果填入下方表格中，不必列出计算过程）

现金预算

单位：万元

项目＼季度	第一季度	第二季度	第三季度	第四季度	合计
期初现金余额					
现金收入：					
本期销售本期收款					
上期销售本期收款					
现金收入合计					
现金支出：					
直接材料					
直接人工					
制造费用					
销售与管理费用					
所得税费用					
购买设备支出					
现金支出合计					
现金多余或不足					
向银行借款					
归还银行借款					
支付借款利息					
期末现金余额					

四、综合题（本题共 15 分。涉及计算的，要求列出计算步骤，否则不得分，除非题目特别说明不需要列出计算过程。）

甲公司是一家清洁产品制造业上市公司，生产 A、B、C 三种清洁产品。2019 年甲公司长期债务 10 000 万元，年利率 6%，流通在外普通股 1 000 万股，每股面值 1 元，无优先股。最近几年，甲公司产品市场需求旺盛，甲公司正在考虑通过筹资扩大产能。

资料一：A、B、C 三种产品都需要通过一台关键设备加工，该设备是甲公司的限制资源。年加工能力 2 500 小时。假设 A、B、C 三种产品当年生产当年销售。年初年末无存货，预计 2020 年 A、B、C 三种产品的市场正常销量及相关资料如下：

	A 产品	B 产品	C 产品
市场正常销量（件）	1 000	600	400
单位售价（万元）	6	4.2	2
单位变动成本（万元）	3.5	1.6	1.2
单位限制资源消耗（小时）	2.5	2	1
固定成本总额（万元）	1 500		

资料二：为满足市场需求，甲公司 2020 年初拟新增一台与限制资源相同的设备，需要筹集 10 000 万元。该设备新增年固定成本 400 万元，原固定成本总额 1 500 万元照常发生，现有两个筹资方案可供选择。

方案 1：按每份市价 1 050 元发行债券筹资 6 000 万元，期限 10 年，面值 1 000 元，票面利率 8%；平价发行优先股筹资 4 000 万元，面值 100 元，票面股息率 9%。

方案 2：平价发行优先股筹资 4 000 万元，面值 100 元，票面股息率 9%，按每份市价 10 元发行普通股筹资 6 000 万元。

资料三：新增设备到位后，假设 B 产品尚有市场空间，其他条件不变，如果剩余产能不能转移，甲公司拟花费 1 000 万元进行广告宣传，通过扩大 B 产品的销量实现剩余产能的充分利用。甲公司的企业所得税税率为 25%。

要求：

（1）根据资料一，为有效利用现有的一台关键设备，计算甲公司 A、B、C 三种产品的生产安排优先顺序和产量，在该生产安排下，甲公司的经营杠杆和财务杠杆各是多少？

（2）根据资料二，采用每股收益无差别点法，计算两个方案每股收益无差别点的息税前利润，并判断公司应选择哪一个筹资方案。在该筹资方案下，甲公司的经营杠杆、财务杠杆、每股收益各是多少？

（3）结合要求（1）、（2）的结果，说明经营杠杆、财务杠杆发生变化的主要原因。

（4）根据资料三，计算并判断甲公司是否应利用该剩余产能。

2020年注册会计师全国统一考试《财务成本管理》全真模拟试题（三）参考答案及解析

一、单项选择题

1. 【答案】C

【解析】总资产周转天数等于各项资产周转天数之和。

2. 【答案】B

【解析】联合杠杆系数 =（息税前利润 + 固定成本）/（息税前利润 - 利息）= [（8 - 5）× 10]/[（8 - 5）× 10 - 4 - 2] = 1.25。

3. 【答案】C

【解析】“前3年无流入”意味着从第4年开始有现金流入。由于第一次流入发生在第4年初（相当于第3年末），因此，递延期 $m=3-1=2$。现值 = 100 ×（P/A，10%，5）×（P/F，10%，2）= 313.27（元）。

4. 【答案】D

【解析】根据题目条件可知，A、B两种证券报酬率的标准差分别为9%和6%，所以，相关系数 = 0.5%/（9% × 6%）= 0.93。

5. 【答案】A

【解析】可转换债券在转换时不增加新的资本，附认股权证债券在认购时给公司带来新的权益资本。

6. 【答案】B

【解析】在投资组合理论出现以后，风险是指投资组合的系统风险，既不是指单个资产的风险，也不是指投资组合的全部风险。投资组合中的资产多样化到一定程度后，唯一剩下的风险是系统风险。所以选项B错误。

7. 【答案】C

【解析】认股权证的稀释主要有三种，即所有权百分比稀释、市价稀释和每股收益稀释。

8. 【答案】D

【解析】增发后每股价格 $=\frac{200\ 000\times10+200\ 000\times8.02}{200\ 000+20\ 000}=9.82$（元/股）。老股东财富变化：$9.82\times(200\ 000+10\ 000)-200\ 000\times10-10\ 000\times8.02=-18\ 000$（元）。新股东财富变化：$9.82\times10\ 000-10\ 000\times8.02=+18\ 000$（元）。

9. 【答案】A

【解析】在经营高峰时，不管采用哪种筹资策略，都有：长期性资金 + 临时性负债 = 长期资产 + 经营流动资产，由于临时性负债大于0，因此（长期性资金 - 长期资产）小于经营流动资产，易变现率小于1。激进型筹资策略下，经营低谷时临时性负债是大于0的，因此选项A不正确。

10. 【答案】D

【解析】采用平行结转分步法计算各步骤应计入产成品成本的份额时，应将各步骤生产费用合计在完工产成品和本步骤广义在产品之间进行分配。

11. 【答案】C

【解析】在作业成本法下，直接成本可以直接计入有关产品，与传统成本计算方法并无差异，只是直接成本的范围比传统成本的范围要大。不能追溯到产品的成本，则先追溯到有关作业或分配到有关作业，计算作业成本，然后再将作业成本分派到有关产品。所以选项C不正确。

12. 【答案】D

【解析】变动制造费用效率差异 =（实际工时 - 标准工时）× 变动制造费用标准分配率 = $(260-100\times2)\times3=180$（元）。

13. 【答案】B

【解析】提高单价、降低单位变动成本和压缩固定成本都会降低盈亏临界点。增加产销量会提高安全边际且对盈亏临界点销售量没有影响。所以选项B正确。

14. 【答案】C

【解析】对于溢价发行的平息债券而言，在折现率不变的情况下，发行后价值逐渐升高，在付息日由于割息导致价值下降，（但是要注意债券价值不会低于面值，因为每次割息之后的价值最低，而此时相当于重新发行债券，由于票面利率高于市场利率，所以，一定还是溢价发行，债券价值仍然高于面值），然后又逐渐上升，总的趋势是波动下降，最终等于债券面值。

二、多项选择题

1. 【答案】AD

【解析】按照有税的MM理论，有负债企业的价值等于具有相同风险等级的无负债企业的价值加上债务利息抵税收益的现值，因此负债越多企业价值越大，所以选项A正确；权衡理论就是强调在平衡债务利息的抵税收益与财务困境成本的基础上，实现企业价值最大化时的最佳资本结构，所以选项B错误；根据代理理论，在企业陷入财务困境时，更容易引起过度投资问题与投资不足问题，导致发生债务代理成本，过度投资是指企业采用不盈利项目或高风险项目而产生的损害股东以及债权人的利益并降低企业价值的现象，投资不足问题是指企业放弃净现值为正的投资项目而使债权人利益受损并进而降低企业价值的现象，所以选项 C 错误；根据优序融资理论，当企业存在融资需求时，首先是选择内源融资，其次会选择债务融资，最后选择股权融资，所以选项 D 正确。

2. 【答案】BC

【解析】从普通股股东角度看，优先股应属于金融负债，所以选项 A 正确。应付利息是筹资活动的应计费用，属于金融负债，所以选项 B 错误。融资租赁引起的长期应付款属于金融负债，经营活动引起的长期应付款属于经营负债，所以选项 C 错误。长期权益性投资的应收股利属于经营资产，短期权益性投资形成的应收股利，属于金融资产，所以选项 D 正确。

3. 【答案】ABC

【解析】每季度利率 $=8\%/4=2\%$；复利次数 $=5\times4=20$（次）；本息和 $=10\ 000\times(1+2\%)^{20}=14\ 859$（元）；利息 $=14\ 859-10\ 000=4\ 859$（元）。

4. 【答案】AD

【解析】甲投资人采取的是多头对敲投资策略。该投资组合的净损益 = 多头看涨期权净损益 + 多头看跌期权净损益 = |股票价格 − 执行价格| − 看涨期权价格 − 看跌期权价格 = |股票价格 − 45| − 5 − 6 > 0。则|股票价格 − 45| > 11，即股票价格 > 56 或者股票价格 < 34。

5. 【答案】ABCD

【解析】利用每股收益无差别点进行企业资本结构分析时，以每股收益的高低作为衡量标准对筹资方式进行选择（其缺陷在于没有考虑风险因素），认为能提高每股收益的资本结构是合理的，反之则不合理；当息税前利润高于每股收益无差别点的息税前利润时，运用债务融资可获得较高的每股收益，因此，债务融资优于普通股融资；在每股收益无差别点上，不同融资方式的每股收益相等，因此，每股收益不受融资方式影响。

6. 【答案】BCD

【解析】方差、标准差、变异系数度量投资的总风险（包括系统风险和非系统风险），β 系数度量投资的系统风险。

7. 【答案】AB

【解析】平行结转分步法不能提供各个步骤的半成品的资料。

8. 【答案】AD

【解析】谋求控股权的投资者认为的"企业股票的公平市场价值"高于少数股权投资者认为的"企业股票的公平市场价值"，两者的差额为"控股权溢价"，由此可知，选项 A 不正确；一个企业的公平市场价值，应当是持续经营价值与清算价值中较高的一个，因此选项 D 不正确。

9. 【答案】BC

【解析】剩余收益 = 部门税前经营利润 − 部门平均净经营资产 × 要求的报酬率，由此可知，选项 A 不正确。剩余收益的主要优点是可以使业绩评价与企业的目标协调一致，引导部门经理采纳高于企业资本成本的决策。所以选项 B 正确。采用剩余收益指标还有一个好处，就是允许使用不同的风险调整资本成本。所以选项 C 正确。剩余收益旨在设定部门投资的最低报酬率，防止部门利益伤害整体利益，而经济增加值旨在使经理人员赚取超过资本成本的报酬，促进股东财富最大化。所以选项 D 不正确。

10. 【答案】ACD

【解析】外部融资额 =（经营资产销售百分比 × 营业收入增加）−（经营负债销售百分比 × 营业收入增加）− 预计营业收入 × 预计营业净利率 ×（1 − 预计股利支付率），提高产品毛利率则会提高营业净利率，从而减少外部融资额；提高存货周转天数会降低存货周转率，增加存货占用资金，即增加经营资产占用资金，从而增加外部融资额。提高股利支付率，从而增加外部融资额。提高销售成本率会降低营业净利率，从而增加外部融资额。所以选项 A、C、D 正确。

11. 【答案】CD

【解析】剩余股利政策就是在公司有着良好投资机会时，根据一定的目标资本结构（最佳资本结构），测算出投资所需的权益资本，先从盈余当中留用，然后将剩余的盈余作为股利予以分配。由此可见，利用剩余股利政策的公司更多地关注的是投资机会和资本成本。

12. 【答案】ABC

【解析】调整率 =（132 000 − 132 550）/132 550 × 100% = −0. 4149%。

三、计算分析题

1. 【答案】

（1）X 公司 2019 年管理用财务报表如下：

单位：万元

管理用财务报表项目	2019 年
经营性资产	8 200
经营性负债	2 200
净经营资产	6 000
金融负债	2 000
金融资产	0
净负债	2 000
股东权益	4 000
净负债及股东权益总计	6 000
税前经营利润	1 680
减：经营利润所得税	420
税后经营净利润	1 260
利息费用	180
减：利息费用抵税	45
税后利息费用	135
净利润	1 125

（2）净经营资产净利率 = 1 260/6 000 = 21%

税后利息率 = 135/2 000 = 6. 75%

净财务杠杆 = 2 000/4 000 = 50%

权益净利率 =1 125/4 000 =28. 125%

(3) X 公司与 Y 公司权益净利率的差异 =28. 125% -33. 6% = -5. 475%

Y 公司权益净利率 =24% +(24% -8%) ×60% =33. 6%①

21% +(21% -8%) ×60% =28. 8%②

净经营资产净利率变动的影响 =② -① = -4. 8%

21% +(21% -6. 75%) ×60% =29. 55%③

税后利息率变动的影响 =③ -② =29. 55% -28. 8% =0. 75%

21% +(21% -6. 75%) ×50% =28. 125%④

净财务杠杆变动的影响 =④ -③ =28. 125% -29. 55% = -1. 425%

即净经营资产净利率降低导致权益净利率下降 4. 8%，税后利息率降低导致权益净利率提高 0. 75%，净财务杠杆降低导致权益净利率下降 1. 425%，综合导致权益净利率下降 5. 475%。

2. 【答案】

(1) 第 8 年末纯债券价值 =1 000 ×10% ×(*P/A*, 12%, 17) +1 000 ×(*P/F*, 12%, 17)
=857. 56 (元)

转换价值 =35 ×(1 +6%)^{8} ×20 =1 115. 69 (元)

即第 8 年末的该债券的底线价值为 1 115. 69 (元)。

第 13 年末纯债券价值 =1 000 ×10% ×(*P/A*, 12%, 12) +1 000 ×(*P/F*, 12%, 12)
=876. 14 (元)

转换价值 =35 ×(1 +6%)^{13} ×20 =1 493. 05 (元)

即第 13 年末的该债券的底线价值为 1 493. 05 (元)。

(2) 如果甲公司准备在第 15 年末转股，有:

1 000 ×10% ×(*P/A*, *k*, 15) +35 ×(1 +6%) 15 ×20 ×(*P/F*, *k*, 15) =1 000

根据内插法，得出报酬率 *k* =11. 86%。

如果甲公司准备在第 15 年末赎回该债券，有:

1 000 ×10% ×(*P/A*, *k*, 15) +(1 020 -5 ×5) ×(*P/F*, *k*, 15) =1 000

根据内插法，得出报酬率为 *k* =9. 99%。

所以甲公司最有利的方案应该是在第 15 年末进行转股，以此获得最高的报酬率。

3. 【答案】

(1) 改变信用政策后边际贡献增加额 =36 000 ×15% ×(80 -60) =108 000 (元)

改变信用政策前收账费用 =36 000 ×80 ×20% ×5% =28 800 (元)

改变信用政策后收账费用 =36 000 ×1. 15 ×80 ×10% ×5% =16 560 (元)

改变信用政策后收账费用增加额 =16 560 -28 800 = -12 240 (元)

变动成本率 =60/80 =75%

改变信用政策前平均收账期 =30 ×80% +50 ×20% =34 (天)

改变信用政策前应收账款应计利息 =36 000 ×80/360 ×34 ×75% ×12% =24 480 (元)

改变信用政策后平均收账期 =10 ×40% +20 ×30% +30 ×20% +50 ×10% =21 (天)

改变信用政策后应收账款应计利息 =36 000 ×1. 15 ×80/360 ×21 ×75% ×12%
=17 388 (元)

改变信用政策后应收账款应计利息增加额＝12 420－17 388＝－7 092（元）

改变信用政策后存货应计利息增加额＝(2 400－2 000)×60×12%＝2 880（元）

现金折扣成本增加额＝36 000×1.15×80×(5%×40%＋2%×30%)－0＝86 112（元）

（2）改变信用政策的净损益＝108 000－(－12 240－7 092＋2 880＋86 112)＝38 340（元）

由于改变信用政策的净损益大于零，E公司应该推出该现金折扣政策。

4.【答案】

（1）该项目2019年末～2023年末的相关现金净流量、净现值和现值指数如下：

	2019年末	2020年末	2021年末	2022年末	2023年末
设备购置成本	－10 000				
专利技术使用费	－12 000				
税后销售收入		60 000	60 000	60 000	60 000
税后变动制造费用		－45 000	－45 000	－45 000	－45 000
税后付现固定制造费用		－1 500	－1 500	－1 500	－1 500
税后付现销售和管理费用		－600	－600	－600	－600
折旧抵税		500	500	500	500
摊销抵税		750	750	750	750
丧失税后租金收入		－75	－75	－75	－75
营业现金毛流量		14 075	14 075	14 075	14 075
设备变现价值					1 300
设备变现损失抵税					175
垫支营运资本	－300				
营运资本收回					300
现金净流量	－22 300	14 075	14 075	14 075	15 850
折现系数	1	0.8929	0.7972	0.7118	0.6355
现值	－22 300	12 567.57	11 220.59	10 018.59	10 072.68
净现值	21 579.43				
现值系数	1.97				

（2）净现值大于0，现值指数大于1，该项目可行。

（3）净现值和现值指数的相同点：

①都考虑了时间价值和风险。

②对于单一方案，决策结果相同，净现值大于0，现值指数大于1，项目可行。

③净现值和现值指数在比较期限不同的项目时均有一定的局限性。

净现值和现值指数的不同点：

①净现值是绝对值，反映投资的效益。现值指数是相对数，反映投资的效率。

②净现值法在比较投资额不同的项目时有一定的局限性。现值指数消除了投资额的差异。

5. 【答案】

第一季度现金收入合计 = 年初余额 + 第一季度收入的 3/5 = 200 + 900 × 3/5
= 740（万元）

第二季度现金收入合计 = 900 × 2/5 + 1 800 × 3/5 = 1 440（万元）

第三季度现金收入合计 = 1 800 × 2/5 + 800 × 3/5 = 1 200（万元）

第四季度现金收入合计 = 800 × 2/5 + 800 × 3/5 = 800（万元）

第一季度现金余缺 = 20 + 740 − 740 = 20（万元）

第二季度现金余缺 = 20 + 1 440 − 2 300 = −840（万元）

假设第二季度借款为 A，则：−840 + A − A × 2% > 10，解得：A > 867.34。

因为 A 必须是 5 万元的整倍数，所以 A = 870 万元，即第二季度向银行借款 870 万元。

第二季度期末现金余额 = −840 + 870 − 17.4 = 12.60（万元）

第三季度期末现金余额 = 12.6 + 1 200 − 540 = 672.60（万元）

假设第三季度还款为 B，则：672.6 − B − 17.4 > 10，解得：B < 645.2。

因为 B 必须是 5 万元的整倍数，所以 B = 645 万元，所以第三季度归还银行借款 645 万元。

第三季度支付借款利息 = 870 × 2% = 17.4（万元）

第三季度期末现金余额 = 672.6 − 645 − 17.4 = 10.2（万元）

第四季度现金余缺 = 10.2 + 800 − 540 = 270.2（万元）

第四季度支付的借款利息 = （870 − 645）× 2% = 4.5（万元）

假设第四季度还款为 C，则：270.2 − C − 4.5 > 10，解得：C < 255.7，但还总计欠银行借款 225 万元（870 − 645）。

因为 C 必须是 5 万元的整倍数，所以 C = 225 万元，所以第四季度归还银行借款 225 万元。

第四季度支付借款利息 4.5 万元。

第四季度期末现金余额 = 270.2 − 225 − 4.5 = 40.7（万元）

现金预算

单位：万元

项目 \ 季度	第一季度	第二季度	第三季度	第四季度	合计
期初现金余额	20	20	12.6	10.2	
现金收入：					
本期销售本期收款	540	1 080	480	480	
上期销售本期收款	200	360	720	320	
现金收入合计	740	1 440	1 200	800	4 180
现金支出：					
直接材料	800/2 = 400	400			800
直接人工		900			900
制造费用	200	860	200	200	1 460

续表

项目 \ 季度	第一季度	第二季度	第三季度	第四季度	合计
销售与管理费用	100	100	100	100	400
所得税费用	40	40	40	40	160
购买设备支出			200	200	400
现金支出合计	740	2 300	540	540	4 120
现金多余或不足	20	-840	672.6	270.2	
向银行借款		870			870
归还银行借款			645	225	870
支付借款利息		17.4	17.4	4.5	39.3
期末现金余额	20	12.6	10.2	40.7	

四、综合题

【答案】

(1) ①A 产品单位限制资源边际贡献 =(6 -3.5)/2.5 =1（万元）

B 产品单位限制资源边际贡献 =(4.2 -1.6)/2 =1.3（万元）

C 产品单位限制资源边际贡献 =(2 -1.2)/1 =0.8（万元）

B 产品单位限制资源边际贡献 > A 产品单位限制资源边际贡献 > C 产品单位限制资源边际贡献，所以应先安排生产 B 产品，其次生产 A 产品，最后生产 C 产品。

因为假设 A、B、C 三种产品当年生产当年销售。年初年末无存货，所以 B 产品的产量 = 销售量 =600（件），A 产品的产量 =(2 500 -600 ×2)/2.5 =520（件），没有剩余加工能力，所以不生产 C 产品。

②边际贡献 =(4.2 -1.6) ×600 +(6 -3.5) ×520 =2 860（万元）

息税前利润 =2 860 -1 500 =1 360（万元）

税前利润 =1 360 -10 000 ×6% =760（万元）

经营杠杆系数 =2 860/1 360 =2.10

财务杠杆系数 =1 360/760 =1.79

(2) ① [(*EBIT* -10 000 ×6% -6 000/1 050 ×1 000 ×8%) ×(1 -25%) -4 000 ×9%]/1 000 = [(*EBIT* -10 000 ×6%) ×(1 -25%) -4 000 ×9%]/(1 000 +6 000/10)

解得：*EBIT* =2 299.04（万元）

预计息税前利润 =(6 -3.5) ×1 000 +(4.2 -1.6) ×600 +(2 -1.2) ×400 -1 500 -400
=2 480（万元）

预计息税前利润 2 480 万元大于每股收益无差别点的息税前利润 2 299.04 万元，所以应该选择财务杠杆大的方案 1 进行筹资。

②边际贡献 = 预计息税前利润 + 固定成本 =2 480 +1 500 +400 =4 380（万元）

归属于普通股的税前利润 =2 480 -10 000 ×6% -6 000/1 050 ×1 000 ×8% -4 000 ×

9%/(1－25%)＝942.86（万元）

经营杠杆系数＝4 380/2 480＝1.77

财务杠杆系数＝2 480/942.86＝2.63

每股收益＝[(2 480－10 000×6%－6 000/1 050×1 000×8%)×(1－25%)－4 000×9%]/1 000
＝0.71（元）

（3）因为新增一台与限制资源相同的设备，导致固定成本增加，所以会提高经营杠杆。因为采用方案1进行筹资，增加固定性资本成本（利息费用和优先股股利），所以会提高财务杠杆。

（4）甲公司2020年初拟新增一台与限制资源相同的设备，所以年加工能力为5 000小时，则：

按照市场正常销量生产后剩余的产能＝5 000－600×2－1 000×2.5－400×1
＝900（小时）

该剩余产能可以生产的C产品产量＝900/2＝450（件）

息税前利润＝450×(4.2－1.6)－1 000＝170（万元）

息税前利润大于0，所以应利用该剩余产能。

2020年注册会计师全国统一考试
《财务成本管理》全真模拟试题（四）

一、单项选择题（本题型共14小题，每小题1.5分，共21分。每小题只有一个正确答案，请从每小题的备选答案中选出一个你认为最正确的答案，用鼠标点击相应的选项。）

1. 某企业正在编制第4季度的直接材料消耗与采购预算，预计直接材料的期初存量为1 000千克，本期生产消耗量为3 500千克，期末存量为800千克；材料采购单价为每千克25元，企业每个季度的材料采购货款有30%当季付清，其余在下季付清，第3季度末的应付账款额为5 000元，则第4季度材料采购现金支出为（　　）元。

A. 23 300　　B. 24 750

C. 27 750　　D. 29 750

2. 下列各项中，错误的是（　　）。

A. 金融市场按照所交易的金融工具的期限是否超过1年分为货币市场和金融市场

B. 金融市场按照证券的资本成本的高低分为债务市场和股权市场

C. 金融市场按照交易证券是否初次发行分为一级市场和二级市场

D. 金融市场按照交易程序分为场内交易市场和场外交易市场

3. 在利用过去的股票市场收益率和一家公司的股票收益率进行回归分析计算β时，则（　　）。

A. 如果公司风险特征发生重大变化，应当使用变化后的年份作为预测期长度

B. 如果公司风险特征无重大变化时，可以采用较短的预测期长度

C. 预测期长度越长越能正确估计股票的平均风险

D. 股票收益尽可能建立在每天的基础上

4. 下列有关营运资本的计算错误的是（　　）。

A. 营运资本＝流动资产－流动负债

B. 营运资本＝所有者权益－非流动负债－非流动资产

C. 营运资本＝长期资本－长期资产

D. 营运资本＝（所有者权益＋非流动负债）－非流动资产

5. 向银行申请短期贷款，贷款利率10%，贴现法付息，银行规定补偿性余额为15%，则借款的有效年利率为（　　）。

A. 11.76%　　B. 13.33%

C. 11.11%　　D. 12.13%

6. 下列各项中，错误的是（　　）。

A. 两种证券的所有可能组合会落在一条曲线上

B. 完全正相关的投资组合的机会集是一条直线

C. 机会集曲线越平坦，风险分散化效应越弱

D. 证券报酬率之间的相关系数越大，机会集曲线就越弯曲

7. 某公司2019年营业收入为100万元，税后净利4万元，发放了股利2万元，净经营资产为60万元，金融资产为10万元（均为可动用金融资产），预计2020年营业收入为150万元，计划营业净利率和股利支付率与2019年保持一致，若该净经营资产周转率预计保持2019年水平，则2020年融资总需求为（　　）万元。

A. 35　　B. 28

C. 30　　D. 22

8. 某企业的变动成本率40%，息税前利润率18%，则该企业的盈亏临界点的作业率为（　　）。

A. 70%　　B. 60%

C. 80%　　D. 75%

9. 假设A公司在今后不增发股票，估计可以维持2016年的经营效率和财务政策，不断增长的产品能为市场所接受，不变的营业净利率可以涵盖不断增加的利息，若2017年的销售增长率是10%，A公司2016年支付的每股股利是0.5元，2016年末的股价是40元。则股东预期的报酬率是（　　）。

A. 10%　　B. 11.25%

C. 12.38%　　D. 11.38%

10. 下列关于资本结构理论的说法中，不正确的是（　　）。

A. 代理理论是在权衡理论的基础上进行延伸的

B. 权衡理论强调平衡债务利息抵税收益与财务困境成本

C. 在企业陷入财务困境时，不会引起投资过度问题

D. 财务困境成本的现值由发生财务困境的可能性和发生财务困境的成本大小两个重要因素决定

11. 有效集以外的投资组合与有效边界上的组合相比，不包括（　　）。

A. 相同的标准差和较低的期望报酬率

B. 相同的期望报酬率和较高的标准差

C. 较低的报酬率和较高的标准差

D. 较低的标准差和较高报酬率

12. 利润中心某年的销售收入为10 000元，已销产品的变动成本和变动销售费用为5 000元，可控固定成本为1 000元，不可控固定成本为1 500元。该利润中心的“部门可控边际贡献”为（　　）。

A. 5 000元　　B. 4 000元

C. 3 500元　　D. 2 500元

13. 同时买入甲股票的1股看涨期权和1股看跌期权，执行价格均为50元，到期日相

同，看涨期权的价格为3元，看跌期权的价格为4元。如果到期日的股票价格为45元，该投资组合的净收益是（　　）元。

A. −5　　B. −7

C. −4　　D. −2

14. 下列关于应收账款周转率的说法中，不正确的是（　　）。

A. 计算时分子应使用赊销额而非营业收入

B. 计算平均应收账款时可以使用多个时点的平均数，而不仅仅是年初和年末的平均数

C. 计算应收账款周转率，不必考虑坏账准备

D. 应收账款周转天数并非越短越好

二、多项选择题（本题型共12小题，每小题2分，共24分。每小题均有多个正确答案，请从每小题的备选答案中选出你认为正确的答案，用鼠标点击相应的选项。每小题所有答案选择正确的得分，不答、错答、漏答均不得分。）

1. 下列各项中，属于定期预算优点的有（　　）。

A. 能使企业各级管理人员对未来始终保持整整12个月时间的考虑和规划

B. 保证企业的经营管理工作能够稳定而有序地进行

C. 能使预算期间与会计期间相对应

D. 便于将实际数与预算数进行对比

2. 企业计算稀释每股收益时，应当考虑的稀释性潜在的普通股包括（　　）。

A. 股票期权

B. 认股权证

C. 可转换公司债券

D. 不可转换公司债券

3. 下列关于利率理论的说法中，不正确的有（　　）。

A. 流动性溢价理论的关键假定是不同到期期限的债券是可以相互替代的，且是完全替代品

B. 分割市场理论的关键假定是不同到期期限的债券根本无法相互替代

C. 期限优先理论采取了较为间接的方法来修正预期理论，但得到的结论是不同的

D. 预期理论提出长期债券的利率等于在其有效期内人们所预期的短期利率的平均值

4. 作业成本法的局限性有（　　）。

A. 开发和维护费用较高

B. 作业成本法不符合对外财务报告的需要

C. 成本分配基础与间接成本集合之间缺乏因果联系

D. 确定成本动因比较困难

5. ABC公司是一家有较多未分配利润的工业企业。上年度发生了几笔经济业务，在这些业务发生前后，速动资产都超过了流动负债，则赊购材料将会（　　）。

A. 降低速动比率　　B. 增加速动比率

C. 降低流动比率　　D. 增加流动比率

6. 甲公司目前没有上市债券，也找不到合适的可比公司，在采用风险调整法测算公司

的债务资本成本时，下列做法中，正确的有（　　）。

A. 选择若干与甲公司信用级别相同的上市公司的债券

B. 计算这些公司债券的到期收益率

C. 计算与这些上市公司债券期限相同或相似的长期政府债券的到期收益率

D. 计算公司债券与政府债券到期收益率的差额作为信用风险补偿率

7. 下列关于企业价值评估现金流量折现法的表述中，正确的有（　　）。

A. 预测基数应为上一年的实际数据，不能对其进行调整

B. 预测期是指企业增长的不稳定时期，通常在 10 年以上

C. 实体现金流量应该等于融资现金流量

D. 对销售增长率进行预测时，如果宏观经济、行业状况和企业的经营战略预计没有明显变化，则可以按上年增长率进行预测

8. 下列各项材料数量差异形成的原因中，属于生产部门责任的有（　　）。

A. 工人操作疏忽造成废品或废料增加

B. 购入材料质量低劣

C. 新工人上岗造成用料增多

D. 机器或工具选用不当

9. 下列情况中，不需要对基本标准成本进行修订的有（　　）。

A. 市场供求变化导致的售价变化

B. 工作方法改变引起的效率变化

C. 生产经营能力利用程度的变化

D. 产品的物理结构变化

10. 下列关于相关系数的说法中，正确的有（　　）。

A. 当相关系数 =1 时，表明两项资产的收益率呈同方向变化，组合抵消的风险较少

B. 当相关系数 = −0.5 时，表示两种资产收益率反方向变化，抵消的风险较多

C. 当相关系数 =0 时，表示缺乏相关性，每种证券的报酬率相对于另外的证券的报酬率独立变动

D. 只要两种证券之间的相关系数小于 1，证券组合报酬率的标准差就小于各证券报酬率标准差的加权平均数

11. 下列表达式中，不正确的有（　　）。

A. 息税前利润 = 安全边际 × 单位边际贡献

B. 销售利润率 = 安全边际率 × 单位边际贡献

C. 盈亏临界点销售额 = 固定成本/单位边际贡献

D. 安全边际率 + 盈亏临界点作业率 = 1

12. 下列关于责任中心的表述中，正确的有（　　）。

A. 任何发生成本的责任领域都可以确定为成本中心

B. 任何可以计量利润的组织单位都可以确定为利润中心

C. 与利润中心相比，标准成本中心仅缺少销售权

D. 投资中心不仅能够控制生产和销售，还能控制占用的资产

三、计算分析题（本题型共 5 小题 40 分。其中一道小题可以选用中文或英文解答，请仔细阅读答题要求。如使用英文解答，须全部使用英文，答题正确的，增加 5 分。本题型最高得分为 45 分。涉及计算的，要求列出计算步骤，否则不得分，除非题目特别说明不需要列出计算过程。）

1. A 公司 H 部门只生产一种产品，投资额 30 000 万元，2019 年销售 600 万件。该产品单价 22 元，单位变动成本资料如下：

项目	单位变动成本（元）
直接材料	3
直接人工	4
变动制造费用	3
变动销售费用	2
合计	12

该产品目前安全边际率为 80%，现有产能已满负荷运转。因产品供不应求，为提高销量，A 公司经可行性研究，2020 年拟增加 50 000 万元投资。新产能投入运营后，每年增加 3 000 万元固定成本。假设 A 公司产销平衡，不考虑企业所得税。

要求：

（1）计算 H 部门 2019 年税前投资报酬率；假设产能扩张不影响产品单位边际贡献，为达到 2019 年税前投资报酬率水平，计算 2020 年应实现的销量。

（2）计算 H 部门 2019 年经营杠杆系数；假设产能扩张不影响产品单位边际贡献，为达到 2019 年经营杠杆水平，计算 2020 年应实现的销量。

2. 甲公司是一家玩具制造类企业。生产过程中需使用 A 零部件，该零部件可以自制，也可以外购。如果外购，单价是 6 元，一次订货成本为 20 元。如果自制，单位成本为 4 元，每次生产准备成本为 600 元，每日产量 45 件。该零部件的全年需求量为 5 200 件，储存变动成本为该零部件自制成本的 20%，每日平均需求量为 20 件。

要求：

（1）计算甲公司自制 A 零部件的成本。（结果保留两位小数）

（2）计算甲公司外购 A 零部件的成本。（结果保留两位小数）

（3）说明甲公司应该选择自制还是外购？在自制与外购决策中，除了相关成本因素外，还需要考虑哪些因素？

3. A 企业近两年销售收入超常增长，该企业 2017 年和 2016 年的有关财务数据如下：

单位：万元

年度	2017 年	2016 年
销售收入	12 000	20 000
净利润	780	1 400
本年留存收益	560	1 180

续表

年度	2017 年	2016 年
期末总资产	16 000	22 000
期末股东权益	8 160	11 000
可持续增长率	7.37%	
实际增长率	46.34%	66.67%

要求：

（1）计算该企业 2017 年的可持续增长率。（计算结果精确到万分之一）

（2）计算该企业 2017 年超常增长的销售额。（计算结果取整数，下同）

（3）计算该企业 2017 年超常增长所需的资金额。

（4）请问该企业 2017 年超常增长的资金来源有哪些？并分别计算它们的数额。

4. 2014 年大同公司董事会正在研究其股利分配政策。目前该公司发行在外的普通股共 100 万股，净资产 200 万元，今年每股支付 1 元股利。预计未来 3 年的税后利润和需要追加的资本性支出如下：

年份	2015 年	2016 年	2017 年
税后利润（万元）	200	250	200
资本支出（万元）	100	500	200

假设公司目前没有借款并希望逐步增加负债的比重，但是资产负债率不能超过 30%。筹资时优先使用留存收益，其次是长期借款，必要时增发普通股。假设上表给出的“税后利润”可以涵盖增加借款的利息，并且不考虑所得税的影响。增发股份时，每股面值 1 元，预计发行价格每股 2 元，假设增发的股份当年不需要支付股利，下一年开始发放股利。

要求：

（1）假设维持目前的每股股利，计算各年需要增加的借款和股权资金。

（2）假设采用剩余股利政策，计算各年需要增加的借款和股权资金。

5. 甲公司的主要业务是生产服装服饰，甲公司的服装车间生产 3 种款式的风衣和 2 种款式的套装。风衣和套装分别由两个独立的生产线加工，每个生产线有自己的技术部门。5 款服装均按批组织生产，每批 100 件。

资料一：本月每种款式服装的产量和直接成本如下：

产品品种	风衣			套装		合计
型号	风衣 1	风衣 2	风衣 3	套装 1	套装 2	
本月批次	8	10	8	3	4	33
每批产量（件）	100	100	100	100	100	
产量（件）	800	1 000	800	300	400	3 300
每批直接人工成本	3 550	3 400	3 500	4 400	4 200	
直接人工总成本	28 400	34 000	28 000	13 200	16 800	120 400

续表

产品品种	风衣			套装		合计
型号	风衣 1	风衣 2	风衣 3	套装 1	套装 2	
每批直接材料成本	6 975	6 300	6 400	7 000	8 000	
直接材料总成本	55 800	63 000	51 200	21 000	32 000	223 000

资料二：本月制造费用发生额如下：

制造费用发生额

单位：元

项目	金额
生产准备、检验和供应成本（批次级成本）	96 000
风衣产品线成本（产品级作业成本）	64 000
套装产品线成本（产品级作业成本）	68 000
其他成本（生产维持级成本）	12 800
制造费用合计	240 800

要求：

（1）按照传统成本法计算甲公司成本。（计算结果填入下方表格中）

完全成本法汇总成本计算单

单位：元

产品型号	风衣 1	风衣 2	风衣 3	套装 1	套装 2	合计
直接人工						
直接材料						
制造费用分配率						
制造费用						
总成本						
每批成本						
单件成本						

（2）按照作业成本法将制造费用归集到 4 个成本库。（计算结果填入下方表格中）

作业	成本（元）	批次（批数）	直接人工（元）	分配率
批次级作业				
风衣产品线成本				
套装产品线成本				
生产维持级成本				

（3）按照作业成本法计算甲公司成本。（计算结果填入下方表格中）

作业成本法汇总成本计算单

单位：元

型号	风衣 1	风衣 2	风衣 3	套装 1	套装 2	合计
本月批次						
直接人工						
直接材料						
制造费用：						
分配率（元/批）						
批次相关总成本						
产品相关成本：						
分配率（元/批）						
产品相关总成本						
生产维持成本：						
分配率（元/每元直接人工成本）						
生产维持成本						
间接费用合计						
总成本						
每批成本						
单件成本						

（4）比较完全成本法和作业成本法的差异。（计算结果填入下方表格中）

单件成本（作业成本法）	风衣 1	风衣 2	风衣 3	套装 1	套装 2
单件成本（完全成本法）					
差异（作业成本－完全成本）					
差异率（差异/完全成本）					

四、综合题（本题共 15 分。涉及计算的，要求列出计算步骤，否则不得分，除非题目特别说明不需要列出计算过程。）

甲公司是一家化妆品生产企业，拟进入前景看好的锂电池制造业。现找到一个投资机会，利用乙公司的技术生产锂电池，并将锂电池出售给乙公司。乙公司是一家有代表性的锂电池生产企业。

资料一：甲公司和乙公司均为上市公司，甲公司的贝塔系数为 0.9，资产负债率为 50%。乙公司的贝塔系数为 1.2，资产负债率为 40%。甲公司不打算改变当前的资本结构。目前的借款利率为 8.5%，无风险资产报酬率为 4.5%，市场组合的预期报酬率为 9.5%。甲公司和乙公司的所得税税率均为 25%。

资料二：该投资项目需固定资产投资 1 000 万元，项目期限为 4 年。会计部门估计每年固定成本（不含折旧）为 80 万元，变动成本是每件 160 元。税法规定，固定资产折旧采用直线法，折旧年限为 4 年，估计净残值为 80 万元。营销部门估计第一年销售量为 5 万件，以后每年的销量都在前一年的基础上增加 10%，乙公司可以接受 230 元/件的价格。生产部门估计需要 150 万元的经营营运资本投资。

要求：

（1）根据资料一，运用可比公司法估计投资项目的资本成本。

（2）根据（1）计算出的资本成本以及资料二提供的信息计算该项目的净现值，并说明是否应该投资该项目。（计算结果填入下方表格中，不用列出计算过程，结果保留两位小数）

单位：万元

时间	0	1	2	3	4
现金净流量					
折现系数					
现值					
净现值					

（3）计算该项目的静态回收期和动态回收期，并简要说明静态回收期和动态回收期指标共有的缺点。

2020 年注册会计师全国统一考试《财务成本管理》全真模拟试题（四）参考答案及解析

一、单项选择题

1.【答案】D

【解析】第 4 季度采购量 = 3 500 + 800 − 1 000 = 3 300（千克），货款总额 = 3 300 × 25 = 82 500（元），采购现金支出 = 82 500 × 30% + 5 000 = 29 750（元）。

2.【答案】B

【解析】金融市场按照所交易的金融工具的期限是否超过 1 年分为货币市场和金融市场。所以选项 A 正确。金融市场按照证券的不同属性分为债务市场和股权市场。所以选项 B 错误。金融市场按照交易证券是否初次发行分为一级市场和二级市场。所以选项 C 正确。金融市场按照交易程序分为场内交易市场和场外交易市场。所以选项 D 正确。

3.【答案】A

【解析】如果公司风险特征无重大变化时，可以采用 5 年或更长的预测期长度，较长的期限可以提供较多的数据，但在这段时间里公司本身的风险特征如果发生很大变化，期间长并不好。使用每日内的收益率会由于有些日子没有成交或者停牌，该期间的收益率为 0，由此引起的偏差会降低股票收益率与市场收益率之间的相关性，也会降低该股票的 β 值。使用每周或每月的收益率就能显著地降低这种偏差，因此被广泛采用。

4.【答案】B

【解析】营运资本 = 流动资产 − 流动负债 =（总资产 − 非流动资产）−（总资产 − 所有者权益 − 非流动负债）=（所有者权益 + 非流动负债）− 非流动资产 = 长期资本 − 长期资产。因此选项 B 错误。

5.【答案】B

【解析】借款的有效年利率 = 10%/(1 − 15% − 10%) = 13.33%。

6.【答案】D

【解析】证券报酬率之间的相关系数越小，机会集曲线就越弯曲，所以选项 D 错误。

7.【答案】C

【解析】由于净经营资产周转率不变，故营业收入增长率等于净经营性资产增长率 =（150 − 100）/100 = 50%；融资总需求 = 增加的净经营资产 = 60 × 50% = 30（万元）。

8. 【答案】A

【解析】销售息税前利润率 = 安全边际率 × 边际贡献率，安全边际率 = 18%/(1 − 40%) = 30%，由此可知，盈亏临界点作业率 = 1 − 30% = 70%。

9. 【答案】D

【解析】因为满足可持续增长的相关条件，所以股利增长率为10%，股东预期报酬率 R = 0.5 × (1 + 10%) /40 + 10% = 11.38%。

10. 【答案】C

【解析】在企业陷入财务困境时，容易引起投资不足和投资过度问题。所以选项C不正确。

11. 【答案】D

【解析】有效集以外的投资组合与有效边界上的组合相比，有三种情况：①相同的标准差和较低的期望报酬率；②相同的期望报酬率和较高的标准差；③较低的报酬率和较高的标准差。

12. 【答案】B

【解析】部门可控边际贡献 = 部门销售收入 − 变动成本 − 可控固定成本 = 10 000 − 5 000 − 1 000 = 4 000（元）。

13. 【答案】D

【解析】该投资组合的净收益 = (50 − 45) − (4 + 3) = −2（元）。

14. 【答案】C

【解析】计算应收账款周转率时应使用赊销额，但是，外部分析人员无法在财务报表内取得公司的赊销数据，只好直接使用营业收入作为替代进行计算。因此选项A正确。多个时点的平均数可以减少季节性、偶然性或人为因素的影响。因此选项B正确。资产负债表上的资产是按净值列示，报表上的应收账款金额是扣除坏账准备后的金额。如果坏账准备的影响比较大，则应考虑坏账准备的影响，因此选项C不正确。应收账款是赊销引起的，如果赊销有可能比现金销售更有利，周转天数就不是越少越好。因此选项D正确。

二、多项选择题

1. 【答案】CD

【解析】滚动预算的基本做法是使预算期始终保持12个月，这种预算能使企业的各级管理人员对未来始终保持整整12个月的考虑和规划，从而保证企业的经营管理工作能够稳定而有序地进行。但随着预算的执行不断地延伸补充预算，逐期向后滚动，使得预算期与会计期间相脱离。因此选项A、B不正确；选项C、D属于定期预算法的优点。

2. 【答案】ABC

【解析】稀释性潜在普通股，是指假设当前转换为普通股会减少每股收益的潜在普通股，主要包括可转换债券、认股权证、股票期权。

3. 【答案】AC

【解析】流动性溢价理论的关键假定是不同到期期限的债券是可以相互替代的，但并非完全替代品。所以选项 A 不正确。期限优先理论采取了较为间接的方法来修正预期理论，但得到的结论是相同的。所以选项 C 不正确。

4. 【答案】ABD

【解析】成本分配基础与间接成本集合之间缺乏因果联系是传统的成本计算方法的缺点。所以选项 C 错误。

5. 【答案】AC

【解析】赊购材料将会使存货（流动资产，但不是速动资产）和流动负债增加，因此会降低速动比率，所以选项 A 正确。因为速动比率大于 1，那么流动比率肯定大于 1，假设，流动比率 =3/2 =1.5，赊购材料的金额为 1 万元，那么变化后的流动比率 =4/3 =1.33，可见，流动比率下降，所以选项 C 正确。

6. 【答案】ABD

【解析】应该找与上市公司债券到期日相同或接近的政府债券，不是债券的期限相同或接近。因此选项 C 错误。

7. 【答案】CD

【解析】本题的主要考核点是关于企业价值评估现金流量折现法的有关内容。在企业价值评估的现金流量折现法下，预测的基数有两种确定方式：一种是上年的实际数据，另一种是修正后的上年数据，即可以对上年的实际数据进行调整。预测期是指企业增长的不稳定时期，通常在 5 至 7 年之间，一般不超过 10 年；实体现金流量（从企业角度考察）应该等于融资现金流量（从投资人角度考察）。销售增长率的预测以历史增长率为基础，根据未来的变化进行修正。在修正时如果宏观经济、行业状况和企业的经营战略预计没有明显变化，则可以按上年增长率进行预测。

8. 【答案】ACD

【解析】购入的材料质量低劣造成用量增加属于采购部门的责任，而不是生产部门的责任。

9. 【答案】ABC

【解析】基本标准成本是指一经制定，只要生产的基本条件无重大变化，就不予变动的一种标准成本。所谓生产的基本条件的重大变化是指产品的物理结构变化，重要原材料和劳动力价格的重要变化，生产技术和工艺的根本变化等。只有这些条件发生变化，基本标准成本才需要修订。由于市场供求变化导致的售价变化和生产经营能力利用程度的变化，由于工作方法改变而引起的效率变化等，不属于生产的基本条件变化，对此不需要修订基本标准成本。

10. 【答案】BCD

【解析】当相关系数 =1 时，表明两项资产的收益率变化相同，不能抵消风险。所以选项 A 错误。

11. 【答案】ABCD

【解析】息税前利润 = 安全边际 × 边际贡献率。所以选项 A 错误。销售利润率 = 安全边际率 × 边际贡献率。所以选项 B 错误。盈亏临界点销售额 = 固定成本/边际贡献率。所以选项 C 错误。安全边际率 + 盈亏临界点作业率 =1。所以选项 D 错误。

12. 【答案】AD

【解析】本题的主要考核点是有关各类责任中心的含义和特点。任何发生成本的责任领域都可以确定为成本中心，但并不是任何可以计量利润的组织单位都可以确定为利润中心。从本质上讲，只有当其管理人员有权对其供货的来源和市场的选择进行决策等广泛权力，而且可以计量利润的组织单位才可以确定为利润中心。与利润中心相比，标准成本中心的管理人员不仅缺少销售权，而且对产品的品种和数量也无权决策。投资中心不仅能够控制生产和销售，还能控制占用的资产（即具有投资决策权）。

三、计算分析题

1.【答案】

（1）目前盈亏临界点销售量＝600×（1－80%）＝120（万件）

H部门2019年固定成本＝120×（22－12）＝1 200（万元）

H部门2019年税前经营利润＝（22－12）×600－1 500＝4 500（万元）

H部门2019年税前投资报酬率＝4 500/30 000×100%＝15%

H部门2020年税前经营利润＝（30 000＋50 000）×15%＝12 000（万元）

2020年应实现的销量＝（1 200＋3 000＋12 000）/（22－12）＝1 620（万件）

（2）2019年经营杠杆系数＝（22－12）×600/[（22－12）×600－1 200]＝1.25

设2020年应实现的销量为Q，则：

经营杠杆系数＝（22－12）×Q/[（22－12）×Q－1 200－3 000]＝1.25

2020年应实现的销量Q＝2 100（万件）

2.【答案】

（1）自制A零部件的成本：

$$TC(Q)=\sqrt{2KDK_C\left(1-\frac{d}{p}\right)}=\sqrt{2\times600\times5\,200\times4\times20\%\times\left(1-\frac{20}{45}\right)}=1\,665.33\text{（元）}$$

$$TC=TC(Q)+DU=1\,665.33+5\,200\times4=22\,465.33\text{（元）}$$

其中：K为一次订货成本（生产准备成本）；D为年需要量；K_c为单位储存变动成本：d为每日耗用量；p为每日生产量；U为单价。

（2）外购A零部件的成本：

$$TC(Q)=\sqrt{2KDK_C}=\sqrt{2\times20\times5\,200\times4\times20\%}=407.92\text{（元）}$$

$$TC=TC(Q)+DU=407.92+5\,200\times6=31\,607.92\text{（元）}$$

（3）自制的总成本为22 465.33元，外购的总成本为31 607.92元，自制的总成本低于外购的总成本，因此，甲公司应选择自制A零部件。

在进行自制还是外购的决策中，除了要考虑相关成本因素，还要考虑外购产品的质量、送货的及时性、长期供货能力、供货商的新产品研发能力以及与本企业有关职工的抱怨程度等因素，应在综合考虑之后做出决策。

3.【答案】

（1）2017年的可持续增长率：

营业净利率＝1 400/20 000＝7%

资产周转率＝20 000/22 000＝90.91%

权益乘数＝22 000/11 000＝2

利润留存率 = 1 180/1 400 = 84.29%

可持续增长率 = (7% ×90.91% ×2 ×84.29%)/(1 −7% ×90.91% ×2 ×84.29%)

= 12.02%

(2) 2017 年超常增长的销售额 = 本年营业收入 − 上年营业收入 ×(1 + 可持续增长率)

= 20 000 − 12 000 ×(1 +7.37%)

= 20 000 − 12 884.4

= 7 116（万元）

(3) 2017 年超常增长所需的资金额：

超常增长所需资金 = 年末总资产 − 年初总资产 ×(1 + 可持续增长率)

= 22 000 − 16 000 ×(1 +7.37%)

= 4 821（万元）

(4) 超常增长增加的负债筹资额、权益筹资额和留存收益：

①增加的负债筹资额 = 年末负债 − 年初负债 ×(1 + 可持续增长率)

= 11 000 −7 840 ×(1 +7.37%)

= 2 582（万元）

②增加的权益筹资额 = 年末股东权益 − 年初股东权益 − 本年留存收益

= 11 000 − 8 160 − 1 180

= 1 660（万元）

③增加的留存收益 = 本年留存收益 − 上年留存收益 ×(1 + 可持续增长率)

= 1 180 −560 ×(1 +7.37%)

= 1 180 −601.27

= 578.73（万元）

4. 【答案】

(1) 假设维持目前的每股股利，计算各年需要增加的借款和股权资金如下：

单位：万元

年份	2015	2016	2017
1. 需要资本支出	100	500	200
税后利润	200	250	200
股利	100	100	100 + 110/2 = 155
2. 留存收益补充资金	200 − 100 = 100	250 − 100 = 150	200 − 155 = 45
需要外部筹资	100 − 100 = 0	500 − 150 = 350	200 − 45 = 155
长期资本总额	200 + 100 = 300	300 + 500 = 800	800 + 200 = 1 000
累计借款上限		800 × 30% = 240	1 000 × 30% = 300
3. 增加长期借款	0	240	60
4. 需要增发股权资金	0	350 − 240 = 110	155 − 60 = 95

(2) 假设采用剩余股利政策，计算各年需要增加的借款和股权资金如下：

单位：万元

年份	2015	2016	2017
1. 需要资本支出	100	500	200
税后利润	200	250	200
可分配利润（或资金不足）	200 - 100 = 100	250 - 500 = - 250	200 - 200 = 0
股利	100	0	0
2. 留存收益补充资金	100	250	200
需要外部筹资	0	250	0
长期资本总额	200 + 100 = 300	300 + 500 = 800	800 + 200 = 1 000
累计借款上限		800 × 30% = 240	1 000 × 30% = 300
3. 增加长期借款	0	240	0
4. 需要增发股权资金	0	250 - 240 = 10	0

5. 【答案】

（1）完全成本法下甲公司成本如下：

完全成本法汇总成本计算单

单位：元

产品型号	风衣1	风衣2	风衣3	套装1	套装2	合计
直接人工	28 400	34 000	28 000	13 200	16 800	120 400
直接材料	55 800	63 000	51 200	21 000	32 000	223 000
制造费用分配率	240 800/120 400 = 2	2	2	2	2	
制造费用	56 800	68 000	56 000	26 400	33 600	240 800
总成本	141 000	165 000	135 200	60 600	82 400	584 200
每批成本	17 625	16 500	16 900	20 200	20 600	
单件成本	176.25	165	169	202	206	

（2）制造费用分配率如下：

制造费用分配率

作业	成本（元）	批次（批数）	直接人工（元）	分配率
批次级作业	96 000	33		2 909.09（元/批）
风衣产品线成本	64 000	26		2 461.54（元/批）
套装产品线成本	68 000	7		9 714.29（元/批）
生产维持级成本	12 800		120 400	10.63%

（3）作业成本法下甲公司成本如下：

作业成本法汇总成本计算单

单位：元

型号	风衣1	风衣2	风衣3	套装1	套装3	合计
本月批次	8	10	8	3	4	

续表

型号	风衣 1	风衣 2	风衣 3	套装 1	套装 3	合计
直接人工	28 400	34 000	28 000	13 200	16 800	120 400
直接材料	55 800	63 000	51 200	21 000	32 000	223 000
制造费用:						
分配率（元/批）	2 909. 09	2 909. 09	2 909. 09	2 909. 09	2 909. 09	
批次相关总成本	23 272. 72	29 090. 9	23 272. 72	8 727. 27	11 636. 39	96 000
产品相关成本:						
分配率（元/批）	2 461. 54	2 461. 54	2 461. 54	9 714. 29	9 714. 29	
产品相关总成本	19 692. 32	24 615. 4	19 692. 28	29 142. 87	38 857. 13	132 000
生产维持成本:						
分配率（元/每元直接人工成本）	10. 63%	10. 63%	10. 63%	10. 63%	10. 63%	
生产维持成本	3 018. 92	3 614. 2	2 976. 4	1 403. 16	1 787. 32	12 800
间接费用合计	45 983. 96	57 320. 5	45 941. 4	39 273. 3	52 280. 84	240 800
总成本	130 183. 96	154 320. 50	125 141. 40	73 473. 30	101 080. 84	584 200
每批成本	16 273. 00	15 432. 05	15 642. 68	24 491. 10	25 270. 21	
单件成本	162. 73	154. 32	156. 43	244. 91	252. 70	

（4）完全成本法和作业成本法的差异如下：

完全成本法和作业成本法的差异

项目	风衣 1	风衣 2	风衣 3	套装 1	套装 2
单件成本（作业成本法）	162. 73	154. 32	156. 43	244. 91	252. 70
单件成本（完全成本法）	176. 25	165	169	202	206
差异（作业成本 - 完全成本）	- 13. 52	- 10. 68	- 12. 57	42. 91	46. 7
差异率（差异/完全成本）	-7. 67%	-6. 47%	-7. 44%	21. 24%	22. 67%

四、综合题

【答案】

（1）乙公司无财务杠杆的贝塔值 = 1. 2/[1 + (1 - 25%) × 4/6] = 0. 8

甲公司目标结果贝塔值 = 0. 8 × [1 + (1 - 25%) × 5/5] = 1. 4

甲公司的权益资本成本 = 4. 5% + 1. 4 × (9. 5% - 4. 5%) = 11. 5%

甲公司债务资本成本 = 8. 5%

加权平均资本成本 = 8. 5% × 0. 5 + 11. 5% × 0. 5 = 10%

（2）该项目的净现值如下：

单位：万元

时间	0	1	2	3	4
投资额	-1 000				
垫支营运资本	-150				
税后营业收入		862.5	948.75	1 043.625	1 147.9875
税后变动成本		-600	-660	-726	-798.6
税后付现固定成本		-60	-60	-60	-60
折旧		230	230	230	230
折旧抵税		57.5	57.5	57.5	57.5
营业现金毛流量		260	286.25	315.125	346.8875
回收残值					80
回收营运资本					150
现金净流量	-1 150	260	286.25	315.125	576.8875
折现系数（10%）	1	0.9091	0.8264	0.7513	0.6830
现值	-1 150.00	236.37	236.56	236.75	394.01
净现值	-46.31				

该项目的净现值为-46.31万元，净现值小于0，不应该投资该项目。

（3）静态投资回收期：

项目	0	1	2	3	4
现金净流量	-1 150	260	286.25	315.125	576.8875
累计现金净流量	-1 150	-890	-603.75	-288.625	288.2625

静态回收期 $=3+288.625/576.8875=3.5$（年）

动态投资回收期：

项目	0	1	2	3	4
折现现金净流量	-1 150	236.37	236.56	236.75	394.01
累计现金净流量	-1 150	-913.63	-677.07	-440.32	-46.31

在项目期内，初始投资收不回来，利用动态回收期指标计算的结果与净现值指标一致。

回收期法的缺点：没有考虑回收期以后的现金流，没有衡量盈利性；促使公司接受短期项目，放弃有战略意义的长期项目。

2020 年注册会计师全国统一考试
《财务成本管理》全真模拟试题（五）

一、单项选择题（本题型共 14 小题，每小题 1.5 分，共 21 分。每小题只有一个正确答案，请从每小题的备选答案中选出一个你认为最正确的答案，用鼠标点击相应的选项。）

1. 下列各项中，属于资本市场工具的是（　　）。

A. 商业票据　　B. 公司债券

C. 可转让存单　　D. 短期国债

2. 变动制造费用效率差异的计算方式是（　　）。

A. 实际变动制造费用 - 标准变动制造费用

B. （实际工时 - 标准工时）×变动费用标准分配率

C. （实际工时 - 标准工时）×变动费用实际分配率

D. 实际工时×（变动制造费用实际分配率 - 变动制造费用标准分配率）

3. 下列关于营运资本投资策略特点的表述中，错误的是（　　）。

A. 适中型营运资本投资策略下持有成本和短缺成本总计最小

B. 适中型营运资本投资策略下持有成本和短缺成本大体相等

C. 激进型营运资本投资策略需要考虑流动资产周转天数、销售额及其增长、成本水平、通货膨胀等因素以及降低短缺成本的需要来安排流动资产投资

D. 保守型投资策略下持有成本和短缺成本之和会高于适中策略

4. 下列情形中，不符合公开发行普通股的发行条件的是（　　）。

A. 上一年财务报表被注册会计师出具保留意见

B. 最近 3 年现金方式累计分配的利润为最近 3 年实现的年均可分配利润的 30%

C. 目前正面临一场诉讼，但不影响企业持续经营

D. 最近 24 个月内未公开发行证券，上一次公开发行证券存在发行当年营业利润比上年下降 50% 以上的情形

5. 假设其他条件不变，当市场利率等于票面利率时，下列关于拟发行平息债券价值的说法中，错误的是（　　）。

A. 市场利率上升，价值下降

B. 期限延长，价值不变

C. 票面利率上升，价值上升

D. 计息频率增加，价值下降

6. 下列关于固定制造费用差异的表述中，不正确的是（　　）。

A. 在考核固定制造费用的耗费水平时以预算数作为标准，不管业务量增加或减少，只要实际数额超过预算即视为耗费过多

B. 固定制造费用闲置能量差异是生产能量与实际产量的标准工时之差与固定制造费用标准分配率的乘积

C. 固定制造费用能量差异的高低取决于两个因素：生产能量是否被充分利用、已利用生产能量的工作效率

D. 固定制造费用的效率差异属于量差

7. “5C”系统评估顾客信用标准中“资本”是指（　　）。

A. 顾客的财务实力与财务状况　　B. 顾客的信誉

C. 顾客的抵押物　　D. 偿债能力

8. C 公司的固定成本（包括利息费用）为 600 万元，资产总额为 10 000 万元，资产负债率为 50%，负债平均利息率为 8%，净利润为 800 万元，该公司适用的所得税税率为 20%，则税前经营利润对销量的敏感系数是（　　）。

A. 1.43　　B. 1.2

C. 1.14　　D. 1.08

9. A 公司预计明年净利润 1 200 万元，其中 600 万元用于发放股利；预计明年总资产为 10 000 万元，资产负债率为 40%。经财务部门测算，以后公司净利润的年增长率为 10%，股利支付率保持不变。已知国库券利率为 4%，股票市场的平均风险报酬率为 6%，如果 A 公司的 β 值为 1.5，则 A 公司的本期市净率为（　　）。

A. 3.67　　B. 3.47

C. 3.84　　D. 3.58

10. 经济进货批量基本模式所依据的假设不包括（　　）。

A. 需求量稳定，并且能够预测　　B. 存货单价不变

C. 所需存货市场供应充足　　D. 允许缺货

11. 甲公司上年末的营运资本配置比率为 60%，流动负债为 140 万元，由此可知，甲公司上年末的流动资产为（　　）万元。

A. 300　　B. 400

C. 420　　D. 350

12. 在其他因素不变的情况下，下列各项变动中，能引起美式看跌期权价值下降的是（　　）。

A. 到期期限增加　　B. 股价波动率上升

C. 股票市价上升　　D. 无风险酬率升高

13. 利用布莱克—斯科尔斯期权定价模型估算期权价值时，下列表述中，不正确的是（　　）。

A. 在标的股票派发股利的情况下对期权估价时，要从估价中扣除期权到期日前所派发的全部股利的现值

B. 在标的股票派发股利的情况下对期权估价时，要从估价中加上期权到期日前所派发的全部股利的现值

C. 模型中的无风险利率应采用国库券按连续复利计算的到期收益率

D. 股票收益率的标准差可以使用连续复利的历史收益率来确定

14. 某企业采用随机模式对现金持有量进行控制，当现金持有额达到上限时，企业要投资10万元于有价证券，企业认为无论何时其现金余额均不能低于2万元。若企业目前的现金余额为17万元，则需要投资有价证券（　　）万元。

A. 5　　B. 7

C. 10　　D. 15

二、多项选择题（本题型共12小题，每小题2分，共24分。每小题均有多个正确答案，请从每小题的备选答案中选出你认为正确的答案，用鼠标点击相应的选项。每小题所有答案选择正确的得分，不答、错答、漏答均不得分。）

1. 贝塔系数和标准差都能衡量投资组合的风险。下列各项中，关于投资组合的贝塔系数和标准差的表述中，正确的有（　　）。

A. 标准差度量的是投资组合的整体风险

B. 投资组合的贝塔系数等于被投资组合各证券贝塔系数的算术加权平均值

C. 投资组合的标准差等于被投资组合各证券标准差的算术加权平均值

D. 贝塔系数度量的是投资组合的特别风险

2. 下列各项中，易造成材料价格差异的情况有（　　）。

A. 承接紧急订货造成额外采购

B. 材料运输保险费提高

C. 企业未批量进货

D. 操作技术改进而节省材料

3. 下列关于利率的说法中，不正确的有（　　）。

A. 名义利率是利率市场化机制形式的核心

B. 流动性风险报酬率是指为了弥补因债务人资产流动不好而带来的风险，由债权人要求提高的利率

C. 期限优先理论采取了较为间接的方法来修正预期理论，但得到的结论是不同的

D. 预期理论提出长期债券的利率等于在其有效期内人们所预期的短期利率的平均值

4. 下列关于质量成本的说法中，正确的有（　　）。

A. 一般地，预防成本发生在产品生产之前的各阶段

B. 鉴定成本以及内部失败成本都是发生在产品未到达顾客之前的所有阶段且都属于可控成本

C. 外部失败成本一般发生在产品被消费者接受以后的阶段

D. 更高的预防支出最终将导致更低的总质量成本

5. 下列关于安全边际的表述中，错误的有（　　）。

A. 安全边际是正常销售额超过盈亏临界点销售额的差额

B. 安全边际表明销售额下降多少企业仍不至亏损

C. 安全边际部门的销售额也就是企业的利润

D. 安全边际率大于 1 则表明企业经营安全

6. 下列关于敏感系数的说法中，正确的有（　　）。

A. 销量对利润的敏感系数亦称经营杠杆系数

B. 敏感系数为正值的，表明它与利润同向增减

C. 单价的敏感程度超过固定成本的敏感程度

D. 若单价的敏感系数为 4，则说明每降价 1%，企业利润将降低 4%

7. 某一个投资项目预计净现值为 −80 万元，则下列表述中，正确的有（　　）。

A. 该项目等额年金大于 0

B. 该项目内含报酬率小于资本成本

C. 该项目现值指数小于 1

D. 该项目会计报酬率大于 1

8. ABC 公司根据存货模式确定的最佳现金持有量为 100 000 元，有价证券的年利率为 8%。在最佳现金持有量下，该公司机会成本和与现金持有量相关的现金使用总成本分别为（　　）。

A. 4 000　　B. 8 000

C. 3 500　　D. 7 000

9. 优先股筹资的优点有（　　）。

A. 与债券相比，不支付股利不会导致公司破产

B. 与债券相比，优先股的筹资成本较低

C. 与普通股相比，发行优先股一般不会稀释股东权益

D. 与债券相比，没有到期期限，不需要偿还本金

10. 下列公式中，正确的有（　　）。

A. 多头看涨期权到期日价值 = Max（股票市价 − 执行价格，0）

B. 空头看涨期权净损益 = 空头看涨期权到期日价值 + 期权价格

C. 空头看跌期权到期日价值 = −Max（执行价格 − 股票市价，0）

D. 空头看跌期权净损益 = 空头看跌期权到期日价值 − 期权价格

11. 某企业只生产一种产品，单价 20 元，单位变动成本 12 元，固定成本为 2 400 元，满负荷运转下的正常销售量为 400 件。下列说法中，正确的有（　　）。

A. 在“销售量”以金额表示的边际贡献式本量利图中，该企业的变动成本线斜率为 12

B. 在保本状态下，该企业生产经营能力的利用程度为 75%

C. 安全边际中的边际贡献等于 800 元

D. 在“销售量”以金额表示的边际贡献式本量利图中，该企业的销售收入线斜率为 20

12. 甲公司某年的税后经营净利润为 250 万元，折旧和摊销为 55 万元，经营营运资本净增加 80 万元，分配股利 50 万元，税后利息费用为 65 万元，净负债增加 50 万元，公司当年未发行权益证券。下列说法中，正确的有（　　）。

A. 营业现金毛流量为 225 万元　　B. 债务现金流量为 50 万元

C. 实体现金流量为 65 万元　　D. 资本支出为 160 万元

三、计算分析题（本题型共5小题40分。其中一道小题可以选用中文或英文解答，请仔细阅读答题要求。如使用英文解答，须全部使用英文，答题正确的，增加5分。本题型最高得分为45分。涉及计算的，要求列出计算步骤，否则不得分，除非题目特别说明不需要列出计算过程。）

1. 甲公司生产鸡肉加工品用于供应餐馆和超市，1月份发生的联产品成本是18 000元，包括14 000千克的鸡肉原料以及将鸡进行宰、剁加工的直接人工和相应间接费用。

要求：

（1）若本月生产加工出鸡腿6 000千克，鸡排4 000千克，其余为损耗废料，其中，鸡腿的价格为每千克5.4元，鸡排的价格为每千克4.3元。分别用实物数量法和分离点售价法分配联产品成本，并确定鸡腿和鸡排的单位成本。

（2）若本月生产加工出鸡腿6 000千克，鸡排4 000千克，鸡肉肠2 000千克，其余为损耗废料，其中，鸡腿的价格为每千克5.4元，鸡排的价格为每千克4.3元，鸡肉肠需要进一步加工才能以每千克5元的价格卖到超市，其额外加工总成本为1 500元。用可变现净值法分配联产品成本，并确定鸡腿、鸡排和鸡肉肠的单位成本。

2. 甲公司拟进行下年度的财务预测，其2018年12月31日有关资料如下：

资产负债表简表

2018年12月31日

单位：万元

项目	金额	项目	金额
流动资产（经营）	320	短期借款	50
长期资产（经营）	80	应付职工薪酬	20
		应付账款	30
		长期借款	55
		股本	100
		资本公积	65
		留存收益	80
合计	400	合计	400

2018年度公司营业收入为4 500万元，所得税税率为25%，实现净利润135万元，分配股利81万元。

要求：

（1）若公司不打算增发股票（或回购股票），维持2018年营业净利率、股利支付率、资产周转率和资产负债率不变，则：

①2019年预期销售增长率为多少？

②2019年内含增长率为多少？

（2）假设2019年计划销售增长率为20%，回答下列互不相关的问题：

①若不打算外部筹集权益资金，并保持2018年经营效率和资产负债率不变，则股利支付率应达到多少？

②若不打算外部筹集权益资金，并保持2018年经营效率和股利支付率不变，则资产负

债率应达到多少?

3. 甲公司是一家上市公司，最近刚发放上年现金股利每股 2.4 元，目前每股市价 36 元。证券分析师预测，甲公司未来股利增长率为 5%，等风险投资的必要报酬率为 12%。市场上有两种以甲公司股票为标的资产的期权：欧式看涨期权和欧式看跌期权。每份看涨期权可买入 1 股股票，每份看跌期权可卖出 1 股股票，看涨期权价格每份 4 元，看跌期权价格每份 2 元。两种期权的执行价格均为 40 元，期限均为 1 年。

投资者小王和小李都认为市场低估了甲公司股票，预测 1 年后股票价格将回归内在价值，于是每人投资 38 000 元。小王的投资是：买入 1 000 股甲公司股票，同时买入 1 000 份甲公司股票的看跌期权。小李的投资是：买入甲公司股票的看涨期权 9 500 份。

（注：计算投资净损益时不考虑货币时间价值）

要求：

（1）采用股利折现模型，估计 1 年后甲公司股票的内在价值。

（2）如果预测正确，分别计算小王和小李 1 年后的净损益。

（3）假如 1 年后甲公司股票下跌到每股市价 32 元，分别计算小王和小李的投资净损益。

4. 甲公司生产销售 A、B、C 三种产品，销售单价分别为 200 元、280 元、320 元。预计销售量分别为 12 000 件、60 000 件、40 000 件。预计各产品的单位变动成本分别为 120 元、160 元、220 元。预计甲公司的固定成本总额为 1 500 000 元。

要求：

（1）按加权平均法进行多种产品的保本分析，计算各产品的保本销售量及保本销售额。

（2）若甲公司的目标利润为 1 200 000 元，按加权平均法进行多种产品的保利分析，计算各产品的保利销售量和保利销售额。

5. 甲公司是一家大型服务类企业。为了进行以价值为基础的管理，甲公司拟采用相对价值评估模型对股权价值进行评估，有关资料如下；

（1）甲公司 2019 年度实现净利润 8 000 万元，营业收入 180 000 元。甲公司没有优先股，2019 年末普通股股数为 10 000 万股，甲公司当年没有增发新股，也没有回购股票。预计甲公司 2020 年及以后年度的销售净利率为 6%，权益净利率保持不变。

（2）甲公司选择了同行业的 3 家上市公司作为可比公司，并收集了以下相关数据：

可比公司	每股销售收入（元）	预期权益净利率	每股市价（元）	预期销售净利率
A 公司	16	21.20%	18	10%
B 公司	22	17.50%	20	6%
C 公司	20	24.30%	24	11%

要求：

（1）使用市销率模型下的修正平均市销率法计算甲公司的每股股权的价值。

（2）使用市销率模型下的股价平均法计算甲公司的每股股权的价值。

四、综合题（本题共15分。涉及计算的，要求列出计算步骤，否则不得分，除非题目特别说明不需要列出计算过程。）

A公司生产产品X，为了更好地进行经营决策和目标控制，该公司财务经理正在使用2019年相关数据进行本量利分析，有关资料如下：

（1）2019年产销量为10 000件，每件价格1 400元。

（2）生产X产品需要的技术需要从外部购买取得，甲公司每年除向技术转让方支付60万的固定使用费外，还需按销售收入的10%支付变动专利使用费。

（3）2019年直接材料费用400万元，均为变动成本。

（4）2019年人工成本总额为220万元，其中，生产工人采取计件工资制度，全年人工成本支出140万元，管理人员采取固定工资制度，全年人工成本支出为80万元。

（5）2019年折旧费用总额为90万元，其中，管理部门计提折旧费用25万元，生产部门计提折旧费用65万元。

（6）2019年发生其他成本及管理费用110万元，其中，60万元为变动成本，50万元为固定成本。

要求：

（1）计算X产品的单位边际贡献、保本量和安全边际率。

（2）计算A公司税前利润对销售量和单价的敏感系数。

（3）如果2019年原材料价格上涨20%，其他因素不变，X产品的销售价格应上涨多大幅度才能保持2019年的利润水平？

2020年注册会计师全国统一考试《财务成本管理》全真模拟试题（五）参考答案及解析

一、单项选择题

1. 【答案】B

【解析】资本市场是指期限在1年以上的金融工具交易市场。资本市场的主要功能是进行长期资本的融通。资本市场的工具包括股票、公司债券、长期政府债券和银行长期贷款等。

2. 【答案】B

【解析】选项A属于变动制造费用成本差异，选项B属于效率差异，选项C公式错误，选项D属于变动制造费用耗费差异。

3. 【答案】C

【解析】适中型投资策略需要考虑流动资产周转天数、销售额及其增长、成本水平、通货膨胀等因素以及降低短缺成本的需要来安排流动资产投资。所以选项C错误。

4. 【答案】A

【解析】对于公开发行证券，我国《上市公司证券发行管理办法》规定，上市公司的财务状况良好，最近3年及一期财务报表未被注册会计师出具保留意见、否定意见或无法表示意见的审计报告。所以选项A错误。

5. 【答案】D

【解析】当市场利率等于票面利率时，属于平价发行的债券。对于拟平价发行的债券而言，计息频率不影响价值，因此选项D错误。

6. 【答案】B

【解析】耗费差异等于实际制造费用减去预算制造费用，只要实际数额超过预算即视为耗费过多。所以选项A正确。生产能量与实际产量的标准工时之差与固定制造费用标准分配率的乘积是能量差异。所以选项B错误。固定制造费用能量差异可以分解为闲置能量差异和效率差异。所以选项C正确。固定制造费用的效率差异属于量差。所以选项D正确。

7. 【答案】A

【解析】资本指的是顾客的财务实力和财务状况，表明顾客可能偿还债务的背景。

8.【答案】C

【解析】敏感系数 = 目标值变动百分比/参量值变动百分比。目前的税前经营利润 = 800/(1 - 20%) + 10 000 × 50% × 8% = 1 400（万元）。固定经营成本 = 600 - 10 000 × 50% × 8% = 200（万元）。边际贡献 = 1 400 + 200 = 1 600（万元）。税前经营利润对销量的敏感系数 = 税前经营利润变动率/销量变动率 = 经营杠杆系数 = 目前的边际贡献/目前的税前经营利润 = 1 600/1 400 = 1.14。

9.【答案】A

【解析】股利支付率 = 600/1 200 × 100% = 50%，股权成本 = 4% + 1.5 × 6% = 13%，下年股东权益净利率 = 1 200/[10 000 × (1 - 40%)] = 20%，内在市净率 = (20% × 50%) × (1 + 10%)/(13% - 10%) = 3.67。

10.【答案】D

【解析】经济进货批量基本模式的基本前提包括：①企业能够及时补充存货，即需要订货时便可立即取得存货；②能集中到货，而不是陆续入库；③不允许缺货，即无缺货成本；④需求量稳定，并且能预测；⑤存货单价不变；⑥企业现金充足，不会因现金短缺而影响进货；⑦所需存货市场供应充足，不会因买不到存货而影响其他。

11.【答案】D

【解析】营运资本配置比率 = 营运资本/流动资产 = (流动资产 - 流动负债)/流动资产 = 1 - 流动负债/流动资产，根据营运资本配置比率 = 60% 可知，流动负债/流动资产 = 40%，即流动资产 = 140/40% = 350（万元）。

12.【答案】C

【解析】看跌期权在未来某一时间执行，其收入是执行价格与股票价格的差额。如果其他因素不变，当股票价格上升时，看跌期权的价值下降。所以选项 C 正确；当股价波动率上升时，或到期期限增加，不论美式期权或欧式期权，看跌期权或看涨期权，期权的价值都会上升。一种简单而不全面的解释，假设股票价格不变，无风险报酬率越低，执行价格的现值高，看跌期权的价值越高。所以选项 C 正确。

13.【答案】B

【解析】股利的现值是股票价值的一部分，但是只有股东可以享有该收益，期权持有人不能享有。因此，在期权估价时要从股价中扣除期权到期日前所派发的全部股利的现值。

14.【答案】C

【解析】$H - R = 2(R - L)$，所以 $R - L = 5$（万元），因为 $L = 2$（万元），所以 $R = 7$（万元），由于 $H - R = 10$（万元），所以 $H = 17$（万元）。企业目前的现金余额为 17 万元，达到了上限，所以需要投资有价证券 10 万元。

二、多项选择题

1.【答案】AB

【解析】标准差度量的是投资组合的整体风险，包括系统风险和非系统风险，所以选项 A 正确。只有当相关系数等于 1 时，投资组合的标准差等于被投资组合各证券标准差的算术加权平均，所以选项 C 错误。贝塔系数度量的是投资组合的系统风险，所以选项 D 错误。

2.【答案】ABC

【解析】材料价格差异是在材料采购过程中形成的，操作技术改进而节省材料属于材料数量差异，所以选项D错误。

3.【答案】AC

【解析】基准利率是中央银行公布的商业银行存款、贷款、贴现等业务的指导性利率，基准利率是利率市场化机制形式的核心。所以选项A不正确。期限优先理论采取了较为间接的方法来修正预期理论，但得到的结论是相同的。所以选项C不正确。

4.【答案】ACD

【解析】本题考核质量成本的相关内容。质量成本可以分为企业内部失败成本、鉴定成本、预防成本、外部失败成本。其中鉴定成本和预防成本属于可控质量成本，而失败成本属于不可控质量成本。

5.【答案】CD

【解析】安全边际销售额减去其自身的变动成本后才是企业的息税前利润，所以选项C错误。安全边际率不可能大于1，所以选项D错误。

6.【答案】ABCD

【解析】敏感系数是反映各因素对利润敏感程度的指标，从敏感系数提示的问题来看，销量对利润的敏感系数亦称经营杠杆系数；若敏感系数为正值，表明它与利润同向增减，反之，则相反；敏感系数只反映各因素变动百分比和利润变动百分比之间的比例关系，并不能显示变动后的利润；在诸因素中单价的敏感程度最高，若单价的敏感系数为4，说明单价每提高1%，利润增长4%。

7.【答案】BC

【解析】对于单一投资项目，净现值小于0，等额年金小于0，现值指数小于1，内含报酬率小于资本成本。而会计报酬率没有考虑货币时间价值和折旧对现金流量的影响，所以无法根据净现值的大小判断会计报酬率的大小。

8.【答案】CD

【解析】本题的主要考核点是最佳现金持有量确定的存货模式。在存货模式下，达到最佳现金持有量时，机会成本等于交易成本，即与现金持有量相关的现金使用总成本应为机会成本的2倍，机会成本 $= C/2 \times K = 100\ 000/2 \times 7\% = 3\ 500$（元），所以，与现金持有量相关的现金使用总成本 $= 2 \times 3\ 500 = 7\ 000$（元）。

9.【答案】ACD

【解析】优先股的筹资成本低于普通股，高于债券，所以选项B错误。

10.【答案】ABC

【解析】空头看跌期权净损益 = 空头看跌期权到期日价值 + 期权价格。

11.【答案】BC

【解析】本题的主要考核点是本量利分析。在“销售量”以金额表示的边际贡献式本量利图中，变动成本 = 变动成本率 × 销售收入，所以该企业的变动成本线斜率为变动成本率，即60%，销售收入线斜率为1。在保本状态下，盈亏临界点的销售量 = 固定成本/单位边际贡献 $= 2\ 400/(20-12) = 300$（件），则盈亏临界点的作业率 $= 300/400 = 75\%$，即该企业生产经营能力的利用程度为75%。安全边际额 =（预计销售量 − 盈亏临界点的销售量）× 单价 $= (400-300) \times 20 = 2\ 000$（元），则安全边际中的边际贡献 = 安全边际额 × 边际贡献

率 = 2 000 ×（1 – 12/20）= 800（元）。

12.【答案】CD

【解析】营业现金毛流量 = 250 + 55 = 305（万元）。所以选项 A 不正确。债务现金流量 = 65 – 50 = 15（万元）。所以选项 B 不正确。实体现金流量 = 50 + 15 = 65（万元）。所以选项 C 正确。资本支出 = 305 – 80 – 65 = 160（万元）。所以选项 D 正确。

三、计算分析题

1.【答案】

（1）用实物数量法分配联产品成本如下：

实物数量法

产品	实际重量（千克）	实际重量比重	联合成本的分配（元）	单位成本（元/千克）
鸡腿	6 000	60%	18 000 × 60% = 10 800	1.8
鸡排	4 000	40%	18 000 × 40% = 7 200	1.8
总计	10 000	100%	18 000	

用分离点售价法分配联产品成本如下：

分离点售价法

产品	实际重量（千克）	单价（元/千克）	销售价格总额（元）	销售价格比重	联合成本的分配（元）	单位成本（元/千克）
鸡腿	6 000	5.4	32 400	65.32%	18 000 × 65.32% = 11 758.06	1.96
鸡排	4 000	4.3	17 200	34.68%	18 000 × 34.68% = 6 241.94	1.56
总计	10 000		49 600	100%	18 000	

（2）用可变现净值法分配联产品成本如下：

可变现净值法

产品	实际重量（千克）	单价（元/千克）	销售价格总额（元）	额外加工成本（元）	可变现净值（元）	权重	联合成本的分配（元）	总成本（元）	单位成本（元/千克）
鸡腿	6 000	5.4	32 400	0	32 400	0.56	10 037.87	10 037.87	1.67
鸡排	4 000	4.3	17 200	0	17 200	0.30	5 328.74	5 328.74	1.33
鸡肉肠	2 000	5	10 000	1 500	8 500	0.14	2 633.39	4 133.39	2.07
总计	12 000		59 600	1 500	58 100	100%	18 000	17 200	

2.【答案】

（1）①营业净利率 = 净利润/营业收入 = 135/4 500 = 3%

资产周转率 = 营业收入/总资产 = 4 500/400 = 11.25（次）

股东权益 = 100 + 65 + 80 = 245（万元）

权益乘数 = 总资产/总权益 = 400/245 = 1.6327

利润留存率 = (135 – 81)/135 = 40%

由于满足可持续增长的五个假设，所以：

2019 年销售增长率 = 2018 年可持续增长率

= (3% × 11.25 × 1.6327 × 40%)/(1 − 3% × 11.25 × 1.6327 × 40%)

= 28.27%

②2018 年净经营资产 = 经营资产 − 经营负债 = (320 + 80) − (20 + 30) = 350（万元）

净经营资产周转率 = 销售收入/净经营资产 = 4 500/350 = 12.86（次）

内含增长率 = (3% × 12.86 × 40%)/(1 − 3% × 12.86 × 40%) = 18.25%

（2）①设利润留存率为 x：

20% = (3% × 11.25 × 1.6327x)/(1 − 3% × 11.25 × 1.6327x)

解得：x = 30.25%

股利支付率 = 1 − 30.25% = 69.75%

②由于资产周转率不变，所以：

资产增长率 = 营业收入增长率 = 20%

预计资产 = 基期资产 × (1 + 20%) = 400 × (1 + 20%) = 480（万元）

由于不增发股票或回购股票，所以：

预计股东权益 = 期初股东权益 + 增加的留存收益

= 245 + 5 400 × 3% × 40%

= 309.8（万元）

则：

预计负债 = 资产 − 股东权益 = 480 − 309.8 = 170.2（万元）

资产负债率 = 170.2/309.8 = 54.94%

3.【答案】

（1）1 年后甲公司股票的内在价值 = 2.4 × (1 + 5%)/(12% − 6%) × (1 + 5%)

= 44.1（元）

（2）小王 1 年后的净损益 = 1 000 × (44.1 − 36) − 2 × 1 000 = 6 100（元）

小李 1 年后的净损益 = (44.1 − 40 − 4) × 9 500 = 950（元）

（3）小王的投资净损益 = (32 − 36) × 1 000 + (40 − 32 − 2) × 1 000 = 2 000（元）

小李的投资净损益 = −4 × 9 500 = −38 000（元）

4.【答案】

（1）A 产品：

A 产品销售收入 = 200 × 12 000 = 2 400 000（元）

A 产品边际贡献 = (200 − 120) × 12 000 = 960 000（元）

B 产品：

B 产品销售收入 = 280 × 60 000 = 16 800 000（元）

B 产品边际贡献 = (280 − 160) × 60 000 = 7 200 000（元）

C 产品：

C 产品销售收入 = 320 × 40 000 = 12 800 000（元）

C 产品边际贡献 = (320 − 220) × 40 000 = 4 000 000（元）

加权平均边际贡献率 $= \frac{960\ 000 + 7\ 200\ 000 + 4\ 000\ 000}{2\ 400\ 000 + 16\ 800\ 000 + 12\ 800\ 000} = 38\%$

加权平均保本销售额 = 固定成本/加权平均边际贡献率

= 1 500 000/38%

= 3 947 368. 42（元）

销售收入合计 = 2 400 000 + 16 800 000 + 12 800 000 = 32 000 000（元）

A 产品保本销售额 = 3 947 368. 42 × 2 400 000/3 200 000 = 296 052. 63（元）

B 产品保本销售额 = 3 947 368. 42 × 16 800 000/3 200 000 = 2 072 368. 42（元）

C 产品保本销售额 = 3 947 368. 42 × 12 800 000/3 200 000 = 1 578 947. 37（元）

A 产品保本销售量 = 296 052. 63/200 = 1 480（件）

B 产品保本销售量 = 2 072 368. 42/280 = 7 401（件）

C 产品保本销售量 = 1 578 947. 37/320 = 49 334（件）

（2）加权平均保利销售额 =（固定成本 + 目标利润）/加权平均边际贡献率

= (1 500 000 + 1 200 000)/38% = 7 105 263.16（元）

A 产品保利销售额 = 7 105 263. 16 × 2 400 000/3 200 000 = 532 894. 74（元）

B 产品保利销售额 = 7 105 263. 16 × 16 800 000/3 200 000 = 3 730 263. 16（元）

C 产品保利销售额 = 7 105 263. 16 × 12 800 000/3 200 000 = 2 842 105. 26（元）

A 产品保利销售量 = 532 894. 74/200 = 2 664（件）

B 产品保利销售量 = 3 730 263. 16/280 = 13 322（件）

C 产品保利销售量 = 2 842 105. 26/320 = 8 882（件）

5.【答案】

（1）相关计算如下：

企业名称	可比企业市盈率	预期销售利润率
A 公司	18/16 = 1. 125	10%
B 公司	20/22 = 0. 91	6%
C 公司	24/20 = 1. 2	11%
平均数	(1. 125 + 0. 91 + 1. 2)/3 = 1. 078	(10% + 6% + 11%)/3 = 9%

修正平均市盈率 = 1. 078/(9% × 100) = 0. 12

甲公司每股销售收入 = 180 000/10 000 = 18（元）

甲公司每股股权价值 = 0. 12 × 6% × 100 × 18 = 12. 96（元/股）

（2）甲公司每股销售收入 = 180 000/10 000 = 18（元）

甲公司每股股权价值 = 可比公司修正市销率 × 甲公司预期销售净利率 × 100 × 甲公司每股销售收入

A 公司修正市销率 = (18/16)/(10% × 100) = 0. 1125

按 A 公司计算甲公司每股股权价值 = 0. 1125 × 6% × 100 × 18 = 12. 15（元）

B 公司修正市销率 = (20/22)/(6% × 100) = 0. 1515

按 B 公司计算甲公司每股股权价值 = 0. 1515 × 6% × 100 × 18 = 16. 362（元）

C 公司修正市销率 =(24/20)/(11% ×100) =0.1091

按 C 公司计算甲公司每股股权价值 =0.1091 ×6% ×100 ×18 =11.7828（元）

甲公司每股股权价值 =(12.15 +16.362 +11.7828)/3 =13.4316（元）

四、综合题

【答案】

（1）固定成本 =600 000 +800 000 +900 000 +500 000 =2 800 000（元）

单位变动成本 =1 400 ×10% +(4 000 000 +1 400 000 +600 000) ÷10 000 =740（元）

单位边际贡献 = 单价 - 单位变动成本 =1 400 -740 =660（元）

保本量 =2 800 000/660 =4 243（件）

盈亏临界点作业率 =4 243/10 000 ×100% =42.43%

安全边际率 =1 - 盈亏临界点作业率 =1 -42.43% =57.57%

（2）当前税前利润 =660 ×10 000 -2 800 000 =3 800 000（元）

当销售量增加 10% 时：

税前利润 =660 ×10 000 ×(1 +10%) -2 800 000 =4 460 000（元）

税前利润变动百分比 =(4 460 000 -3 800 000)/3 800 000 =17.37%

销售量的敏感系数 =17.37%/10% =1.737

当单价增长 10% 时：

单位变动专利使用费增加 =1 400 ×10% ×10% =14（元）

单位变动成本 =740 +14 =754（元）

税前利润 =[1 400 ×(1 +10%) -754] ×10 000 -2 800 000 =5 060 000（元）

税前利润变动百分比 =(5 060 000 -3 800 000)/3 800 000 =33.16%

单价的敏感系数 =33.16%/10% =3.316

（3）设单价为 P，则：

单位变动成本 =P ×10% +[4 000 000 ×(1 +20%) +1 400 000 +600 000] ÷10 000

=0.1P +680

因为利润不变，则：(P -P ×10% -680) ×10 000 -2 800 000 =3 800 000

P =[(3 800 000 +2 800 000)/10 000 +680]/(1 -10%)

P =1 488.89（元）

价格的上涨幅度 =(1 488.89 -1 400)/1 400 =6.35%

2020年注册会计师全国统一考试
《财务成本管理》全真模拟试题（六）

一、单项选择题（本题型共14小题，每小题1.5分，共21分。每小题只有一个正确答案，请从每小题的备选答案中选出一个你认为最正确的答案，用鼠标点击相应的选项。）

1. 甲公司拟发行可转换债券，当前等风险普通债券的市场利率为8%，股东权益成本为12%。甲公司的企业所得税税率为25%。要使发行方案可行，可转换债券的税前资本成本的区间应为（　　）。

A. 6% ~10%　　　　B. 10% ~12.5%

C. 6% ~12.5%　　　　D. 8% ~16%

2. 某企业2016年的总资产周转次数为2次，非流动资产周转次数为3次，若一年按360天计算，则流动资产周转天数为（　　）。

A. 360　　　　B. 180

C. 120　　　　D. 60

3. 某公司家电维修合同规定，当每年上门维修不超过3次时，维修费用为1万元，当超过3次时，则在此基础上按每次2万元付费，根据成本性态分析，则该项维修费用属于（　　）。

A. 半变动成本　　　　B. 延期变动成本

C. 半固定成本　　　　D. 曲线变动成本

4. 在依据“5C”系统原理确定信用标准时，应掌握“条件”方面的信息，下列各项指标中，最能反映“条件”的是（　　）。

A. 影响顾客付款能力的信誉条件

B. 影响顾客付款能力的抵押品条件

C. 影响顾客付款能力的财务实力条件

D. 影响顾客付款能力的经济环境条件

5. 在下列作业动因中，有关精确度与执行成本之间关系表述不正确的是（　　）。

A. 业务动因的精确度最差，但其执行成本最低

B. 强度动因的精确度最高，但其执行成本最昂贵

C. 持续动因的精确度和执行成本居中

D. 业务动因的精确度最高，但其执行成本最昂贵

6. 相对于发行债券和利用银行借款购买设备而言，通过融资租赁方式取得设备的主要缺点是（　　）。

A. 限制条款多　　B. 筹资速度慢

C. 财务风险大　　D. 资本成本高

7. 下列各项中，不属于预防成本的是（　　）。

A. 检测工作的费用　　B. 质量工作费用

C. 标准制定的费用　　D. 质量奖励费用

8. 下列各项投资策略中，正确的是（　　）。

A. 保护性看跌期权策略是购买1股股票同时出售该股票的1股看跌期权

B. 抛补性看涨期权策略是指购买1股股票同时卖出该股票的1股看涨期权

C. 多头对敲策略是指同时卖出一只股票的看涨期权和看跌期权

D. 空头对敲策略是指同时买入一只股票的看涨期权和看跌期权

9. 甲公司上年末的留存收益余额为120万元，今年末的留存收益余额为150万元，假设今年实现了可持续增长，销售增长率为20%，利润留存率为40%，则上年的净利润为（　　）万元。

A. 62.5　　B. 75

C. 300　　D. 450

10. 某零件年需要量18 000件，日供应量90件，一次订货成本25元，单位储存成本10元/年。假设一年为360天。需求是均匀的，不设置保险库存并且按照经济订货量进货，则下列各项计算结果中，不正确的是（　　）。

A. 经济订货量为450件　　B. 最高库存量为200件

C. 平均库存量为200件　　D. 与进货批量有关的总成本为2 000元

11. 6年分期付款购物，每年初付300元，设银行利率为10%，该项分期付款相当于一次现金支付的购价是（　　）。

A. 1 450.22元　　B. 1 480元

C. 1 491.24元　　D. 1 458.16元

12. 提高经营差异率的根本途径是（　　）。

A. 提高净利息率　　B. 提高杠杆贡献率

C. 提高净经营资产净利率　　D. 提高资产负债率

13. 已知某普通股的β值为1.2，无风险利率为6%，市场组合的必要收益率为10%，该普通股目前的市价为10元/股，预计第一期的股利为0.8元，不考虑筹资费用，假设根据资本资产定价模型和股利增长模型计算得出的普通股成本相等，则该普通股股利的年增长率为（　　）。

A. 6%　　B. 2%

C. 2.8%　　D. 3%

14. 在净利润和市盈率不变的情况下，公司实行股票反分割导致的结果是（　　）。

A. 每股收益下降　　B. 每股面额下降

C. 每股市价上升　　D. 每股净资产不变

二、多项选择题（本题型共 12 小题，每小题 2 分，共 24 分。每小题均有多个正确答案，请从每小题的备选答案中选出你认为正确的答案，用鼠标点击相应的选项。每小题所有答案选择正确的得分，不答、错答、漏答均不得分。）

1. 甲公司 2017 年的税后经营净利润为 250 万元，折旧和摊销为 55 万元，经营营运资本净增加 80 万元，分配股利 50 万元，税后利息费用为 65 万元，净负债增加 50 万元，公司当年未发行权益证券。下列各项计算结果中，正确的有（　　）。

A. 公司 2017 年的营业现金毛流量为 225 万元

B. 公司 2017 年的债务现金流量为 50 万元

C. 公司 2017 年的实体现金流量为 65 万元

D. 公司 2017 年的资本支出为 160 万元

2. 根据资金需要量预测的销售百分比法，下列负债项目中，通常会随销售额变动而成正比例变动的有（　　）。

A. 应付账款　　B. 短期借款

C. 长期负债　　D. 应付票据

3. 在没有通货膨胀的条件下，下列各项中，可以视为纯粹利率的有（　　）。

A. 银行贷款基准利率

B. 没有风险的资金市场的平均利率

C. 社会实际平均收益率

D. 短期政府债券的利率

4. 下列各项中，属于平衡计分卡内部业务流程维度业绩评价指标的有（　　）。

A. 单位生产成本　　B. 资产负债率

C. 息税前利润　　D. 存货周转率

5. 下列各项中，会使得放弃现金折扣成本增加的有（　　）。

A. 降低折扣百分比的大小　　B. 延长信用期

C. 缩短信用期　　D. 延长折扣期

6. 下列关于使用随机模式确定最佳现金持有量的说法中，正确的有（　　）。

A. 随机模式是在现金需求量难以预知的情况下进行现金持有量控制的方法

B. 现金流量达到控制上限时，应该购入有价证券

C. 现金流量达到控制下限时，应该抛售有价证券

D. 随机模式确定的现金持有量比较激进

7. 某公司上年销售收入为 3 000 万元，本年计划销售收入 4 000 万元，销售增长率为 33.33%，假设经营资产销售百分比为 66.67%，经营负债销售百分比为 6.17%，预计营业净利率为 4.5%，预计股利支付率为 30%，则下列各项计算结果中，正确的有（　　）。

A. 外部融资销售增长比为 0.48

B. 外部融资额为 480 万元

C. 增加的留存收益为 180 万元

D. 筹资总需求为 605 万元

8. 下列关于成本中心的说法中，正确的有（　　）。

A. 成本中心的业绩考核指标通常为该成本中心的所有成本

B. 成本中心的业绩报告通常采用三栏式表格

C. 成本中心的业绩报告逐级设置，自下而上

D. 每一级的业绩报告都应包括本身的可控成本和下属部门转来的责任成本

9. 假设其他因素不变，下列选项中，会导致折价发行的平息债券价值下降的有（　　）。

A. 提高付息频率

B. 延长到期时间

C. 提高票面利率

D. 等风险债券的市场利率上升

10. 某企业的主营业务是生产和销售食品，目前正处于生产经营活动的旺季。该企业的资产总额 6 000 万元，其中长期资产 3 000 万元，流动资产 3 000 万元，永久性流动资产约占流动资产的 40%；负债总额 3 600 万元，其中流动负债 2 600 万元，流动负债的 65% 为自发性负债，由此可得出结论（　　）。

A. 该企业奉行的是保守型营运资本筹资策略

B. 该企业奉行的是激进型营运资本筹资策略

C. 该企业奉行的是适中型营运资本筹资策略

D. 该企业目前的易变现率为 69. 67%

11. 下列有关分期付息债券价值的表述中，正确的有（　　）。

A. 平价债券利息支付频率提高对债券价值没有影响

B. 折价债券利息支付频率提高会使债券价值上升

C. 随到期时间缩短，必要报酬率变动对债券价值的影响越来越小

D. 在债券估价模型中，折现率是必要报酬率，折现率越大，债券价值越低

12. 某公司拥有 170 万元的流动资产及 90 万元的流动负债，下列交易中，可使该公司流动比率下降的有（　　）。

A. 增发 100 万元的普通股，所得收入用于扩建几个分支机构

B. 借入 30 万元的短期借款支持同等数量的应收账款的增加

C. 减少应付账款的账面额来支付 10 万元的现金股利

D. 用 10 万元的现金购买了一辆小轿车

三、计算分析题（本题型共 5 小题 40 分。其中一道小题可以选用中文或英文解答，请仔细阅读答题要求。如使用英文解答，须全部使用英文，答题正确的，增加 5 分。本题型最高得分为 45 分。涉及计算的，要求列出计算步骤，否则不得分，除非题目特别说明不需要列出计算过程。）

1. 某工厂生产的甲产品需要经过第一、第二和第三三个基本生产车间依次加工，第一车间完工产品为 A 半成品，完工后全部交第二车间继续加工；第二车间完工产品为 B 半成品，完工后全部交第三车间继续加工；第三车间完工产品为甲产品产成品。甲产品原材料在第一车间生产开始时一次投入，各车间的工资和费用发生比较均衡，月末在产品完工程度均为 50%。本月有关成本计算资料如下：

（1）生产数量资料如下：

生产数量资料

产品：甲产品　　2017 年 8 月　　单位：件

项目	第一车间	第二车间	第三车间
月初在产品	100	200	400
本月投入或上步骤转入	1 100	1 000	1 000
本月完工转入下步骤或交库	1 000	1 000	1 000
月末在产品	200	200	300

（2）生产费用资料如下：

生产费用资料

产品：甲产品　　2017 年 8 月　　单位：元

项目	第一车间	第二车间	第三车间
月初在产品成本	7 250	26 000	80 000
其中：直接材料（半成品）	5 000	19 000	66 000
直接人工	1 250	4 000	8 000
制造费用	1 000	3 000	6 000
本月生产费用	102 250	70 000	73 500
其中：直接材料	55 000		
直接人工	26 250	40 000	42 000
制造费用	21 000	30 000	31 500

要求：

（1）根据以上资料采用逐步结转分步法（综合结转方式）计算甲产品及其 A 半成品、B 半成品成本（完工产品和月末在产品成本按加权平均约当产量法分配计算），登记产品成本明细账。(计算结果填入下方表格中)

第一车间产品成本明细账

产品：A 半成品　　2017 年 8 月　　单位：元

摘要	直接材料	直接人工	制造费用	合计
月初在产品成本				
本月生产费用				
生产费用合计				
本月完工产品数量				
月末在产品约当产量				
约当总产量				
完工产品单位成本				
完工产品总成本				
月末在产品成本				

第二车间产品成本明细账

产品：B 半成品　　2017 年 8 月　　单位：元

摘要	上步骤转入	本步骤发生		合计
	A 半成品	直接人工	制造费用	
月初在产品成本				
本月费用				
生产费用合计				
本月完工产品数量				
月末在产品约当产量				
约当总产量				
完工产品单位成本				
完工产品总成本				
月末在产品成本				

第三车间产品成本明细账

产品：甲产品　　2017 年 8 月　　单位：元

摘要	上步骤转入	本步骤发生		合计
	B 半成品	直接人工	制造费用	
月初在产品成本				
本月费用				
生产费用合计				
本月完工产品数量				
月末在产品约当产量				
约当总产量				
完工产品单位成本				
完工产品总成本				
月末在产品成本				

（2）对本月甲产成品总成本进行成本还原，按原始成本项目反映甲产成品总成本。

2. A 公司是一家成长性较强的科技类企业。2019 年财务报表主要数据如下：

单位：万元

项目	2019 年实际	项目	2019 年实际
营业收入	3 200	流动负债	800
净利润	160	长期负债	400
本期分配股利	32	负债合计	1 200
本期留存利润	128	实收资本	1 600
流动资产	2 552	期末未分配利润	752
固定资产	1 000	所有者权益合计	2 352
资产合计	3 552	负债及所有者权益合计	3 552

假设A公司资产均为经营性资产，流动负债为经营负债（假设经营资产、经营负债占营业收入的比不变），长期负债为金融负债，不变的营业净利率可以涵盖增加的负债利息。

A公司2020年的增长策略有三种选择：

方案一：可持续增长。维持目前的经营效率和财务政策，不增发新股。

方案二：高速增长。销售增长率为20%。为了筹集高速增长所需的资金，A公司拟提高财务杠杆。在保持2019年的营业净利率、资产周转率和收益留存率不变的情况下，将权益乘数（总资产/所有者权益）提高到1.68。

方案三：超速增长。销售增长率为30%。为了筹集超速增长所需的资金，A公司拟提高营业净利率，不发行股票，不改变财务政策和资产周转率。

要求：

（1）假设A公司2020年选择方案一，计算确定2020年所需的外部筹资额及其构成。

（2）假设A公司2020年选择方案二，预计2020年财务报表的主要数据（计算结果填入下方表格中），并计算确定2020年所需的外部筹资额及其构成。

单位：万元

项目	2019年实际	2020年预计	项目	2019年实际	2020年预计
营业收入	3 200		流动负债	800	
净利润	160		长期负债	400	
本期分配股利	32		负债合计	1 200	
本期留存利润	128		实收资本	1 600	
流动资产	2 552		期末未分配利润	752	
固定资产	1 000		所有者权益合计	2 352	
资产合计	3 552		负债及所有者权益合计	3 552	

（3）假设A公司选择方案三，预计营业净利率应达到多少？

3. 甲汽车租赁公司拟购置一批新车用于出租，现有两种投资方案，相关信息如下：

方案一：选择购买100辆中档轿车，每辆车价格12万元，另需支付车辆价格10%的购置相关税费，该类型轿车每年平均可以出租300天，日均租金可达200元/辆，车辆预计使用年限8年，8年后的变现价值为0，前4年每年需要维护费3 000元/辆，后4年每年需要维护费5 000元/辆，车辆使用期间还需要承担每年保险费4 000元/辆，其他税费600元/辆。每年增加付现固定运营成本20万元。

方案二：选择购买30辆中档商务车，每辆车价格40万元，另需支付车辆价格10%购置相关税费。该类型商务车每年平均可以出租200天，日均租金可达900元/辆。车辆预计可使用年限10年，10年后变现价值为0。前5年每年需要维护费5 000元/辆，后5年每年需要维护费7 000元/辆。车辆使用期间还需要承担每年保险费20 000元/辆，其他税费4 000元/辆。每年增加付现固定运营成本8万元。

根据税法相关规定，车辆购置相关税费计入车辆原值，采用直线计提折旧，无残值。等风险投资必要报酬率为12%，企业所得税税率为25%。假设购车相关支出发生在期初，每年现金流入、现金流出均发生在年末。

要求：

（1）分别估计两个方案的各年现金流量情况，并据此计算项目净现值。

（2）分别计算两个方案净现值的等额年金。假设两个方案都可以无限重置，且是互斥项目，用等额年金法判断甲公司应采用哪个投资方案？

4. 甲公司是一家越野山地自行车制造商，每年制造自行车需要外胎 10 000 个，外购成本为每条 58 元，公司已有的轮胎生产车间有能力制造这种外胎，自制外胎的单位相关成本资料如下：

相关成本资料　　单位：元

直接材料	32
直接人工	12
变动制造费用	7
固定制造费用	10
变动成本	51
生产成本	61

要求：

（1）如果公司具有足够的剩余生产能力，且剩余生产能力无法转移。甲公司应该自制还是外购？

（2）如果公司具有足够的剩余生产能力，但剩余生产能力可以转移用于加工自行车内胎，每年可以节省内胎的外购成本 20 000 元。甲公司应该自制还是外购？

（3）如果公司目前只有生产外胎 5 000 条的生产能力，且无法转移，若自制 10 000 条，则需要租入设备一台，月租金 4 000 元，这样使外胎的生产能力达到 13 000 条，甲公司应该自制还是外购？

（4）如果公司目前只有生产外胎 5 000 条的能力，可以采用自制和外购两种方案相结合，既可自制一部分，又可外购一部分。甲公司应该自制还是外购？

5. 甲公司是一家水果罐头生产企业，每年 12 月份编制下一年的分季度现金预算。2019 年末，预算 2020 年的相关资料如下：

（1）该公司只生产一种 500 克装的水果罐头。由于作为原料的水果供货有季节性，采购、生产只在第二、第三季度进行，但销售全年发生。

（2）销售收入预计：第一季度 750 万元，第二季度 1 500 万元，第三季度 1 500 万元，第四季度 750 万元。所有销售均为赊销。每季度赊销款的 2/3 当季收回，另外 1/3 下一季度收回，应收账款年初余额 400 万元，预计可在第一季度收回。

（3）原料采购预计：水果全年原料采购预计支出 900 万元；第二季度预付原料采购款的 50%，第三季度收储原料并支付剩余 50% 的尾款。

（4）付现费用预计：直接人工费用第二、第三季度均为 700 万元；制造费用第二、第三季度均为 500 万元；第一、第四季度不进行生产，不发生直接人工和制造费用；销售和管理费用第一季度 50 万元、第二季度 100 万元、第三季度 100 万元、第四季度 50 万元。直接人工费用、制造费用、销售和管理费用，均于当季支付。全年所得税费用 200 万元，分 4 个季度预交，每季度支付 50 万元。

（5）公司计划在下半年安装两条新生产线，第三、第四季度分别支付设备及安装款 300 万元、200 万元。

（6）2019 年末，公司有现金 12 万元，没有短期投资。为应对季节生产所需的大量资金，2019 年末公司没有负债。公司根据下季度现金净需求额外加 10 万元浮动额确定季末最低现金余额，如下季度现金净需求额为负，则最低现金余额为 10 万元。实有现金低于最低现金余额时，如果有短期投资，先变卖短期投资，仍不足时，再向银行借入短期借款；超过最低现金余额时，如果有短期借款，先偿还短期借款，仍有剩余时，再进行短期投资。借款、偿还借款、投资和收回投资，数额均为 5 万元的倍数，均在季度末发生。短期借款年利率为 8%，每季度末付息一次；短期投资年报酬率为 4%，每季度末结算一次。假设不考虑借款和投资的交易费用。

（7）为简化计算，假设 2020 年第一季度的预计营业收入、原料采购及付现费用与 2019 年第一季度相同。

要求：

根据上述资料，编制公司现金预算。（编制结果填入下方表格中，不用列出计算过程）

现金预算

单位：万元

季度	一	二	三	四	合计
期初现金余额					
现金收入：					
本期销售本期收款					
上期销售本期收款					
现金收入合计					
现金支出：					
原料采购					
直接人工					
制造费用					
销售与管理费用					
所得税费用					
设备购置及安装					
现金支出合计					
向银行借款					
归还银行借款					
支付借款利息					
短期投资					
收回短期投资					
获取投资报酬					
期末现金余额					

四、综合题（本题共15分。涉及计算的，要求列出计算步骤，否则不得分，除非题目特别说明不需要列出计算过程。）

甲公司是一家保健器械制造企业，研制成功一台新仪器，现在需要决定是否大规模投产，有关资料如下：

（1）公司的销售部门预计，如果每台定价6万元，销售量每年可以达到7 000台；生产部门预计，变动制造成本每台3万元，不含折旧费的固定制造成本每年5 000万元，新业务将在2020年1月1日开始，假设营业现金流发生在每年年底。

（2）为生产该产品，需要添置一台生产设备，预计其购置成本为8 000万元。该设备可以在2019年底以前安装完毕，并在2019年底支付设备购置款。该设备按税法规定，折旧年限为5年，净残值率为10%，经济寿命为4年，4年后即2023年底该项设备的市场价值预计为1 000万元。如果决定投产该产品，公司将可以连续经营4年，预计不会出现提前中止的情况。

（3）生产该产品需要的营运资本预计为营业收入的10%。假设营运资本在年初投入，项目结束时收回。

（4）该项目的风险与目前公司的平均风险相同，筹资资本结构相同，公司的所得税税率为25%。

（5）公司目前的资本来源状况如下：负债的主要项目是公司债券，该债券的票面利率为8%，每年付息一次，5年后到期，面值1 000元/张，共100万张，每张债券的当前市价970元；股东权益的主要项目是普通股，流通在外的普通股共10 000万股，市价20元/股，贝塔系数为1.2。其他资本来源项目可以忽略不计。

当前的无风险收益率为5%，预期市场风险溢价为8%。该项目所需资金按公司当前的资本结构筹集，并可以忽略债券和股票的发行费用。

该项目的营业收入与公司当前的营业收入相比只占较小份额，并且公司每年有若干新项目投入生产，因此该项目万一失败不会危及整个公司的生存。

要求：

（1）计算该公司当前的加权平均资本成本（资本结构权数按市价计算）。

（2）计算项目评价使用的含有风险的折现率（折现率保留到1%）。

（3）计算项目的初始投资额，包括与项目有关的固定资产购置支出以及垫支的营运资本。

（4）分别计算设备的年折旧额以及第4年末的账面价值（提示：折旧按年提取，投入使用当年提取全年折旧），以及处置设备引起的税后现金净流量。

（5）计算各年项目现金净流量以及项目的净现值和动态投资回收期。

2020 年注册会计师全国统一考试《财务成本管理》全真模拟试题（六）参考答案及解析

一、单项选择题

1. 【答案】D

【解析】税前股权资本成本 = 12%/(1 - 25%) = 16%，可转换债券的税前融资成本应在普通债券利率与税前股权成本之间，所以选项 D 正确。

2. 【答案】D

【解析】总资产周转天数 = 360/2 = 180（天），非流动资产周转天数 = 360/3 = 120（天），流动资产周转天数 = 180 - 120 = 60（天）。

3. 【答案】B

【解析】延期变动成本是指在一定的业务量范围内总额保持稳定，超出特定业务量则开始随业务量比例增长的成本，因此选项 B 正确。

4. 【答案】D

【解析】条件指可能影响顾客付款能力的经济环境。所以选项 D 正确。选项 A 属于品质，选项 B 属于抵押，选项 C 属于资本。

5. 【答案】D

【解析】作业成本动因分为三类：即业务动因、持续动因和强度动因。在这三类作业成本动因中，业务动因的精确度最差，但其执行成本最低；强度动因的精确度最高，但其执行成本最昂贵；而持续动因的精确度和成本则居中。

6. 【答案】D

【解析】融资租赁的筹资特点：①无须大量资金就能迅速获得资产；②财务风险小，财务优势明显；③筹资的限制条件较少；④融资租赁能延长资金融通的期限；⑤资本成本负担较高。

7. 【答案】A

【解析】检测工作的费用属于鉴定成本，所以选项 A 不属于预防成本。

8. 【答案】B

【解析】保护性看跌期权策略是购买 1 股股票同时购买该股票的 1 股看跌期权。所以选项A错误。多头对敲策略是指同时买入一只股票的看涨期权和看跌期权。所以选项C错误。空头对敲策略是指同时卖出一只股票的看涨期权和看跌期权。所以选项D错误。

9. 【答案】A

【解析】今年留存的利润 = 150 - 120 = 30（万元），今年的净利润 = 30/40% = 75（万元），根据“今年实现了可持续增长”可知，今年的净利润增长率 = 今年的销售增长率 = 20%，所以，上年的净利润 = 75/(1 + 20%) = 62.5（万元）。

10. 【答案】C

【解析】根据题意可知，日需求量为18 000/360 = 50（件），本题属于存货陆续供应和使用，根据公式可知，经济订货量为450件，最高库存量为450×(1 - 50/90) = 200（件），平均库存量为200/2 = 100（件），与进货批量有关的总成本为2 000元。

11. 【答案】C

【解析】$P = A \times [(P/A, i, n-1) + 1] = 300 \times [(P/A, 10\%, 5) + 1] = 300 \times (3.7908 + 1) = 1\ 491.24$(元)。

12. 【答案】C

【解析】经营差异率 = 净经营资产净利率 - 净利息率。

13. 【答案】C

【解析】普通股成本 = 6% + 1.2×(10% - 6%) = 10.8%，10.8% = 0.8/10 + g，解得：g = 2.8%。

14. 【答案】C

【解析】股票反分割也称股票合并，是股票分割的相反行为，即将数股面额较低的股票合并为一股面额较高的股票，将会导致每股面额上升、每股市价上升、每股收益上升，股东权益总额不变，由于股数减少，所以每股净资产上升，所以选项C正确。

二、多项选择题

1. 【答案】CD

【解析】营业现金毛流量 = 250 + 55 = 305（万元）；债务现金流量 = 65 - 50 = 15（万元）；股权现金流量 = 50 - 0 = 50（万元）；实体现金流量 = 股权现金流量 + 债务现金流量 = 50 + 15 = 65（万元），65 = 305 - 80 - 资金支出，资金支出 = 160（万元）。

2. 【答案】AD

【解析】经营负债项目包括应付票据、应付账款等项目，不包括短期借款、短期融资券、长期负债等筹资性负债，根据销售百分比法，经营负债是随营业收入变动而变动的项目。所以选项A、D正确。

3. 【答案】BD

【解析】纯粹利率，也指真实无风险利率，是指在没有通货膨胀、无风险情况下资金市场的平均利率。没有通货膨胀时，短期政府债券的利率可以视作纯粹利率。所以选项B、D正确。

4. 【答案】AD

【解析】反映内部业务流程维度的常用指标有交货及时率、生产负荷率、产品合格率、存货周转率、单位生产成本等。选项B、C属于财务维度的评价指标。

5.【答案】CD

【解析】放弃现金折扣成本 $=\frac{\text{折扣百分比}}{1-\text{折扣百分比}}\times\frac{360}{\text{信用期}-\text{折扣期}}$。放弃现金折扣的成本与折扣百分比的大小、折扣期的长短同方向变化，与信用期的长短反方向变化。

6.【答案】ABC

【解析】随机模式建立在企业的现金未来需求总量和收支不可预测的前提下，因此确定的现金持有量比较保守，所以选项D错误。

7.【答案】ABD

【解析】外部融资销售增长比 = 0.6667 − 0.0617 −（1.3333 ÷ 0.3333）× 4.5% ×（1 − 30%）= 0.605 − 0.126 = 0.48；外部融资额 = 外部融资销售增长比 × 销售增长 = 0.48 × 1 000 = 480（万元）；增加的留存收益 = 4 000 × 4.5% ×（1 − 30%）= 126（万元）；筹资总需求 = 1 000 ×（66.67% − 6.17%）= 605（万元）。

8.【答案】BC

【解析】成本中心的业绩考核指标通常为该成本中心的所有可控成本，即责任成本。所以选项A不正确。成本中心的业绩报告通常是按成本中心可控成本的各明细项目列示其预算数、实际数和成本差异数的三栏式表格。所以选项B正确。成本中心的业绩报告逐级设置，自下而上，即各成本中心从最基层的成本中心逐级向上汇编，直至最高层次的成本中心。所以选项C正确。每一级的业绩报告，除最基层只有本身的可控成本外，都应包括本身的可控成本和下属部门转来的责任成本。所以选项D不正确。

9.【答案】ABD

【解析】对于折价发行的债券加快付息频率会使债券价值下降，所以选项A正确；对于折价发行的债券，到期时间越长，表明未来获得的低于市场利率的利息越多，则债券价值越低，所以选项B正确；提高票面利率会使债券价值上升，所以选项C错误；等风险债券的市场利率上升，债券价值下降，所以选项D正确。

10.【答案】AD

【解析】临时性流动资产 = 3 000 ×（1 − 40%）= 1 800（万元）；短期金融负债 = 2 600 ×（1 − 65%）= 910（万元）。由于短期金融负债低于临时性流动资产，所以属于保守型筹资策略。长期资金来源 = 负债权益总额 − 短期金融负债 = 6 000 − 910 = 5 090（万元），易变现率 =（长期资金来源 − 长期资产）/流动资产 =（5 090 − 3 000）/3 000 = 69.67%。

11.【答案】AC

【解析】折价债券利息支付频率提高会使债券价值降低，所以选项B错误。在计算分期付息债券价值时，折现率 = 年必要报酬率/年复利次数 = 实际的周期必要报酬率。所以选项D错误。

12.【答案】BD

【解析】目前流动比率 = 170/90 = 1.89

选项A：170/90 = 1.89，流动资产和流动负债都没有受到影响。

选项B：200/120 = 1.67，流动资产和流动负债等量增加。

选项C：160/80 = 2，流动资产和流动负债等量减少。

选项D：160/90 = 1.78，流动资产减少，而流动负债却没有变化。

三、计算分析题

1.【答案】

（1）

第一车间产品成本明细账

产品：A半成品　　2017年8月　　单位：元

摘要	直接材料	直接人工	制造费用	合计
月初在产品成本	5 000	1 250	1 000	7 250
本月生产费用	55 000	26 250	21 000	102 250
生产费用合计	60 000	27 500	22 000	109 500
本月完工产品数量	1 000	1 000	1 000	—
月末在产品约当产量	200	100	100	—
约当总产量	1 200	1 100	1 100	—
完工产品单位成本	50	25	20	95
完工产品总成本	50 000	25 000	20 000	95 000
月末在产品成本	10 000	2 500	2 000	14 500

第二车间产品成本明细账

产品：B半成品　　2017年8月　　单位：元

摘要	上步骤转入	本步骤发生		合计
	A半成品	直接人工	制造费用	
月初在产品成本	19 000	4 000	3 000	26 000
本月费用	95 000	40 000	30 000	165 000
生产费用合计	114 000	44 000	33 000	191 000
本月完工产品数量	1 000	1 000	1 000	—
月末在产品约当产量	200	100	100	—
约当总产量	1 200	1 100	1 100	—
完工产品单位成本	95	40	30	165
完工产品总成本	95 000	40 000	30 000	165 000
月末在产品成本	19 000	4 000	3 000	26 000

第三车间产品成本明细账

产品：甲产品　　2017年8月　　单位：元

摘要	上步骤转入	本步骤发生		合计
	B半成品	直接人工	制造费用	
月初在产品成本	66 000	8 000	6 000	80 000
本月费用	165 000	42 000	31 500	238 500
生产费用合计	231 000	50 000	37 500	318 500
本月完工产品数量	1 100	1 100	1 100	—

续表

摘要	上步骤转入	本步骤发生		合计
	B 半成品	直接人工	制造费用	
月末在产品约当产量	300	150	150	—
约当总产量	1 400	1 250	1 250	—
完工产品单位成本	165	40	30	235
完工产品总成本	181 500	44 000	33 000	258 500
月末在产品成本	49 500	6 000	4 500	60 000

(2) 第一步：对耗用的 B 半成品进行还原：

还原分配率 = 181 500/165 000 = 1.1

耗用的 A 半成品成本 = 95 000 × 1.1 = 104 500（元）

耗用第二车间直接人工成本 = 40 000 × 1.1 = 44 000（元）

耗用第二车间制造费用 = 30 000 × 1.1 = 33 000（元）

第二步：对耗用的 A 半成品进行还原：

还原分配率 = 104 500/95 000 = 1.1

耗用的直接材料成本 = 50 000 × 1.1 = 55 000（元）

耗用的第一车间直接人工成本 = 25 000 × 1.1 = 27 500（元）

耗用的第一车间制造费用 = 20 000 × 1.1 = 22 000（元）

第三步：还原后产成品总成本的构成：

直接材料成本 = 55 000（元）

直接人工成本 = 27 500 + 44 000 + 44 000 = 115 500（元）

制造费用 = 22 000 + 33 000 + 33 000 = 88 000（元）

产成品总成本 = 55 000 + 115 500 + 88 000 = 258 500（元）

2. 【答案】

(1) 2020 年可持续增长率 = (160/2 352 × 128/160)/(1 − 160/2 352 × 128/160)

= 5.76%

可持续增长前提下增加外部融资方式只能靠增加负债来解决。

2020 年可持续增长下增加的总负债 = 1 200 × 5.76% = 69.12（万元）

2020 年可持续增长下增长的经营负债 = 800 × 5.76% = 46.08（万元）

2020 年可持续增长下增长的外部金融负债 = 69.12 − 46.08 = 23.04（万元）

外部融资额为 11.52 万元，均为外部长期负债。

(2) 预计 2020 年主要财务数据如下：

单位：万元

项目	2019 年实际	2020 年预计	项目	2019 年实际	2020 年预计
营业收入	3 200	3 840	流动负债	800	960
净利润	160	192	长期负债	400	765.26
本期分配股利	32	38.4	负债合计	1 200	1 725.26

续表

项目	2019 年实际	2020 年预计	项目	2019 年实际	2020 年预计
本期留存利润	128	153.6	实收资本	1 600	1 631.54
流动资产	2 552	3 062.4	期末未分配利润	752	752 + 153.6 = 905.6
固定资产	1 000	1 200	所有者权益合计	2 352	2 537.14
资产总计	3 552	4 262.4	负债及所有者权益总计	3 552	4 262.4

2020 年所需的外部筹资额及其构成 =（1 631.54 − 1 600）+（765.26 − 400）

= 31.54 + 365.26 = 396.8（万元）

其中：增加股权筹资 31.54 万元；增加负债筹资 365.26 万元。

（3）资产周转率 = 3 200/3 552

权益乘数 = 3 552/2 352

利润留存率 = 128/160

30% = 营业净利率 ×（3 200/3 552）×（3 552/2 352）×（128/160）/[1 − 营业净利率 ×（3 200/3 552）×（3 552/2 352）×（128/160）]

营业净利率 = 21.21%

3.【答案】

（1）方案一：

0 时点现金流量 = −100 × 12 ×（1 + 10%）= −1 320（万元）

折旧 = 1 320/8 = 165（万元）

1 ~ 4 时点现金流量 = 300 × 200 × 100/10 000 ×（1 − 25%）−（3 000 + 4 000 + 600）× 100/10 000 ×（1 − 25%）− 20 ×（1 − 25%）+ 165 × 25%

= 450 − 57 − 15 + 41.25

= 419.25（万元）（注意数量单位统一）

5 ~ 8 时点现金流量 = 300 × 200 × 100/10 000 ×（1 − 25%）−（5 000 + 4 000 + 600）× 100/10 000 ×（1 − 25%）− 20 ×（1 − 25%）+ 165 × 25%

= 450 − 72 − 15 + 41.25 = 404.25（万元）

方案一的净现值 = 404.25 ×（*P/A*，12%，4）×（*P/F*，12%，4）+ 419.25 ×（*P/A*，12%，4）− 1 320

= 404.25 × 3.0373 × 0.6355 + 419.25 × 3.0373 − 1 320

= 780.29 + 1 273.39 − 1 320 = 733.67（万元）

方案二：

0 时点现金流量 = 30 × 40 ×（1 + 10%）= −1 320（万元）

折旧 = 1 320/10 = 132（万元）

1 ~ 5 时点现金流量 = 200 × 900 × 30/10 000 ×（1 − 25%）−（5 000 + 20 000 + 4 000）× 30/10 000 ×（1 − 25%）− 8 ×（1 − 25%）+ 132 × 25%

= 405 − 65.25 − 6 + 33

= 366.75（万元）（注意数量单位统一）

5 ~ 10 时点现金流量 = 200 × 900 × 30/10 000 ×（1 − 25%）−（7 000 + 20 000 + 4 000）×

30/10 000×（1－25%）－8×（1－25%）＋132×25%

＝405－69.75－6＋33＝362.25（万元）

方案二的净现值＝362.25×（P/A，12%，5）×（P/F，12%，5）＋366.75×（P/A，12%，5）－1 320

＝362.25×3.6048×0.5674＋366.75×3.6048－1 320

＝742.99（万元）

（2）方案一的净现值的等额年金＝733.67/（P/A，12%，8）

＝733.67/4.9676

＝147.69（万元）

方案二的净现值的等额年金＝742.99/（P/A，12%，10）

＝742.99/5.6502

＝131.50（万元）

方案一的等额年金大于方案二，所以选择方案一。

4.【答案】

（1）由于有剩余生产能力可以利用，且无法转移，所以自制外胎的相关成本仅包含自制的变动成本。

自制的单位变动成本＝32＋12＋7＝51（元/条）

外购的相关成本＝58（元/条）

由于自制方案比外购方案每年节约成本 70 000 元［（58－51）×10 000］，因此，应该选择自制方案。

（2）若选择自制外胎，则会放弃生产内胎所带来的成本节约 20 000 元，这可以看作是自制外胎的机会成本。

自制的单位变动成本＝32＋12＋7＝51（元/条）

外购的相关成本＝58（元/条）

自制成本＝51×10 000＋20 000＝530 000（元）

外购成本＝58×10 000＝580 000（元）

因此，应该选择自制方案。

（3）如果公司目前只有生产外胎 5 000 条的生产能力，且无法转移，若自制 10 000 条，则需要租入设备一台，月租金 4 000 元，这样使外胎的生产能力达到 13 000 条，则年租金属于专属成本。

专属成本＝4 000×12＝48 000（元）

自制成本＝510 000＋4 000×12＝558 000（元）

外购成本＝580 000（元）

因此，选择自制方案。

（4）公司应该先按现有生产能力自制外胎 5 000 条，因为其自制成本低于外购成本。超过 5 000 条的部分，则应比较外购成本与自制成本的高低。对于超过 5 000 条的部分，如果自制，单位成本＝51＋48 000/5 000＝60.6（元），超过了外购的单位成本。因此，企业应该自制 5 000 条外胎，同时外购 5 000 条外胎。

5.【答案】

现金预算

单位：万元

季度	一	二	三	四	合计
期初现金余额	12	562	614.5	12.5	1 201
现金收入：					
本期销售本期收款	750×2/3=500	1 500×2/3=1 000	1 500×2/3=1 000	750×2/3=500	3 000
上期销售本期收款	400	750×1/3=250	1 500×1/3=500	1 500×1/3=500	1 650
现金收入合计	900	1 250	1 500	1 000	4 650
现金支出：					
原料采购	0	900×50%=450	900×50%=450	0	900
直接人工	0	700	700	0	1 400
制造费用	0	500	500	0	1 000
销售与管理费用	50	100	100	50	300
所得税费用	50	50	50	50	200
设备购置及安装	0	0	300	200	500
现金支出合计	100	1 800	2 100	300	4 300
向银行借款	0	350	5		355
归还银行借款	0		0	355	355
支付借款利息	0		7	7.1	14.1
短期投资	250		0	340	590
收回短期投资	0	250			250
获取投资报酬	0	2.5			2.5
期末现金余额	562	614.5	12.5	10.4	1 199.4

【解析】

2020年第一季度现金净需求额=100-900=-800（万元），为负数，即2019年第四季度现金余额（年末余额）大于等于10万元即可。

2020年第二季度现金净需求额=1 800-1 250=550（万元），为正数，即2020年第一季度期末现金余额大于等于560万元（10+550）即可。

2020年第三季度现金净需求额=2 100-1 500=600（万元），为正数，即2020年第二季度期末现金余额大于等于610万元（10+600）即可。

2020年第四季度现金净需求额=300-1 000=-700（万元），为负数，即2020年第三季度现金余额大于等于10万元即可。

2021年第一季度现金净需求额=100-900=-800（万元），为负数，即2020年第四季度现金余额（年末余额）大于等于10万元即可。

四、综合题

【答案】

（1）设债券的税前资本成本为 i：

$1\ 000\times8\%\times(P/A,\ i,\ 5)+1\ 000\times(P/F,\ i,\ 5)=970$

当 $i=8\%$ 时，$1\ 000\times8\%\times(P/A,\ 8\%,\ 5)+1\ 000\times(P/F,\ 8\%,\ 5)=1\ 000$

当 $i=9\%$ 时，$1\ 000\times8\%\times(P/A,\ 9\%,\ 5)+1\ 000\times(P/F,\ 9\%,\ 5)=961.076$

所以 $i=8.77\%$

税后债券资本成本为 $8.77\%\times(1-25\%)=6.58\%$

股权资本成本 $=5\%+1.2\times8\%=14.6\%$

债券市场价值权数 $=970\times100/(970\times100+20\times10\ 000)=32.7\%$

股权市场价值权数 $=20\times10\ 000/(970\times100+20\times10\ 000)=67.3\%$

加权平均税后资本成本 $=6.58\%\times32.7\%+14.6\%\times67.3\%=11.98\%$。

（2）由于该项目的风险与目前公司的平均风险相同，筹资资本结构相同，所以：

项目评价使用的含有风险的折现率 = 公司加权平均资本成本 $=11.98\%\approx12\%$

（3）设备投资 8 000 万元，营运资本投资 $=6\times7\ 000\times10\%=4\ 200$（万元），初始投资额 $=8\ 000+4\ 200=12\ 200$（万元）。

（4）设备的年折旧额 $=8\ 000\times(1-10\%)/5=1\ 440$（万元）

第 4 年末设备的账面价值 $=8\ 000-1\ 440\times4=2\ 240$（万元）

第 4 年末处置设备引起的税后现金净流量 $=1\ 000+(2\ 240-1\ 000)\times25\%$

$=1\ 310$（万元）

（5）每年营业现金毛流量 =（营业收入 − 变动成本合计 − 付现固定成本）$\times(1-25\%)$ + 折旧 $\times25\%$

$=(6\times7\ 000-3\times7\ 000-5\ 000)\times(1-25\%)+1\ 440\times25\%$

$=12\ 360$（万元）

单位：万元

年度	0	1	2	3	4
设备投资	−8 000				
营运资本投资	−4 200				
营运资本收回					4 200
营业现金毛流量		12 360	12 360	12 360	12 360
处置设备现金净流量					1 310
各年现金净流量	−12 200	12 360	12 360	12 360	17 870
折现系数（12%）	1	0.8929	0.7972	0.7118	0.6355
折现现金流	−12 200	11 036.24	9 853.39	8 797.85	11 356.39
项目净现值	28 843.87				
累计现金净流量	−12 200	−1 163.76	8 689.63		
动态投资回收期（年）	1 + 1 163.76/9 853.39 = 1.12（年）				

2020年注册会计师全国统一考试
《财务成本管理》全真模拟试题（七）

一、单项选择题（本题型共14小题，每小题1.5分，共21分。每小题只有一个正确答案，请从每小题的备选答案中选出一个你认为最正确的答案，用鼠标点击相应的选项。）

1. 下列业务中，能够降低企业短期偿债能力的是（　　）。

A. 企业采用经营租赁方式租赁一台大型机械设备

B. 企业从某国有银行取得3年期500万元的贷款

C. 企业向战略投资者进行定向增发

D. 企业向股东发放股票股利

2. 下列关于看跌期权的说法中，错误的是（　　）。

A. 空头看跌期权的净收益有限

B. 多头看跌期权的净损失有限，最大为期权费

C. 多头看跌期权的净收益潜力巨大

D. 空头看跌期权的净损失有最大值，最大值为执行价格 - 期权费

3. 某企业预计下年度销售额为3 000万元，销售成本率为60%，存货周转天数为60天（一年按360天计算），资本成本为10%，则存货占用资金的应计利息是（　　）万元。

A. 27　　　　B. 30

C. 50　　　　D. 60

4. 在股东投资资本不变的情况下，下列各项中，能够体现股东财富最大化这一财务管理目标的是（　　）。

A. 利润最大化　　　　B. 每股收益最大化

C. 每股股价最大化　　　　D. 企业价值最大化

5. 下列情况中，需要对基本标准成本进行修订的是（　　）。

A. 重要的原材料价格发生重大变化

B. 工作方法改变引起的效率变化

C. 生产经营能力利用程度的变化

D. 市场供求变化导致的售价变化

6. 假设折现率保持不变，平价发行的平息债券自发行后债券价值将（　　）。

A. 波动，到期日之前可能高于或等于债券面值

B. 波动，到期日之前可能高于、低于或等于债券面值

C. 逐渐下降，至到期日等于债券面值

D. 波动下降，到期日之前一直高于债券面值

7. 下列各种资本结构的理论中，认为有负债企业价值一定高于无负债企业价值的是（　　）。

A. 无税 MM 理论　　B. 有税 MM 理论

C. 代理理论　　D. 权衡理论

8. 完工和在产的划分方法中使实际成本脱离定额的差异完全由完工产品负担的是（　　）。

A. 约当产量法

B. 定额比例法

C. 在产品成本按定额成本计算

D. 在产品成本按其所耗用的原材料费用计算

9. 在采用风险调整法估计债券资本成本时，风险补偿率是（　　）。

A. 信用级别与目标公司相同的上市公司债券与其同期的长期国债到期收益率的差额

B. 信用级别与目标公司相同的上市公司债券与其同期的短期国债到期收益率的差额

C. 目标公司债券与信用级别与其相同的上市公司债券到期收益率的差额

D. 目标公司债券与长期国债到期收益率的差额

10. 甲投资方案的寿命期为 1 年，初始投资额为 6 000 万元，预计第 1 年末扣除通货膨胀影响后的实际现金流为 7 200 万元，投资当年的预期通货膨胀率为 5%，名义折现率为 11.3%，则投资该方案能够增加的公司价值为（　　）。

A. 469 万元　　B. 668 万元

C. 792 万元　　D. 857 万元

11. 甲公司本月发生固定制造费用 14 000 元，实际产量 1 000 件，实际工时 1 100 小时。企业生产能量 1 300 小时，每件产品标准工时 1 小时，固定制造费用标准分配率 9 元/小时，则固定制造费用闲置能量差异是（　　）。

A. 不利差异 800 元　　B. 不利差异 1 800 元

C. 不利差异 3 000 元　　D. 不利差异 5 000 元

12. A 企业投资 150 万元购入一台设备，无其他投资，没有建设期，预计使用年限为 10 年，无残值。设备投产后预计每年可获得净利 15 万元，则该投资的静态投资回收期为（　　）。

A. 15　　B. 10

C. 5　　D. 7.5

13. 欧式看涨期权和欧式看跌期权的执行价格均为 60 元，12 个月后到期，看涨期权的价格为 9.72 元，看跌期权的价格为 3.25 元，股票的现行价格为 65 元，则无风险年利率为（　　）。

A. 2.51%　　B. 3.25%

C. 2.89%　　D. 2.67%

14. 下列关于固定制造费用各成本差异的计算中，不正确的是（　　）。

A. 固定制造费用耗费差异 = 实际工时 × 固定制造费用实际分配率 – 生产能量 × 固定制造费用标准分配率

B. 固定制造费用能量差异 =（生产能量 – 实际工时）× 固定制造费用标准分配率

C. 固定制造费用效率差异 =（实际工时 – 实际产量标准工时）× 固定制造费用标准分配率

D. 固定制造费用总差异 = 固定制造费用实际数 – 实际产量 × 单位标准工时 × 固定制造费用标准分配率

二、多项选择题（本题型共 12 小题，每小题 2 分，共 24 分。每小题均有多个正确答案，请从每小题的备选答案中选出你认为正确的答案，用鼠标点击相应的选项。每小题所有答案选择正确的得分，不答、错答、漏答均不得分。）

1. 甲公司是一家非金融企业，在编制管理用财务报表时，下列项目中，属于经营资产的有（　　）。

A. 交易性金融资产　　B. 长期股权投资

C. 应收利息　　D. 应收账款

2. 下列关于预算的编制方法的表述中，正确的有（　　）。

A. 按照业务量基础的数量特征的不同，可以分为固定预算法和弹性预算法

B. 按预算期的时间特征不同，可以分为定期预算法和滚动预算法

C. 按照出发点的特征不同，可以分为固定预算法和弹性预算法

D. 按照出发点的特征不同，可以分为增量预算法和零基预算法

3. 企业采用成本分析模式管理现金，在最佳现金持有量下，下列各项中，正确的有（　　）。

A. 机会成本等于短缺成本

B. 机会成本与管理成本之和最小

C. 机会成本与短缺成本之和最小

D. 机会成本等于管理成本机会

4. 下列关于经济增加值的说法中，错误的有（　　）。

A. 计算基本的经济增加值时，不需要对经营利润和总资产进行调整

B. 计算特殊的经济增加值时，通常对公司内部所有经营单位使用不同的资金成本

C. 计算披露的经济增加值时，应从公开的财务报表及其附注中获取调整事项的信息

D. 计算真实的经济增加值时，通常对公司内部所有经营单位使用统一的资金成本

5. 下列说法中，正确的有（　　）。

A. 期权的内在价值可能大于或等于或小于 0

B. 期权处于虚值状态或平价状态时不会被执行

C. 处于实值状态的期权有可能被执行，但不一定会被执行

D. 期权的时间溢价是延续的价值

6. 销售百分比法是一种比较简单、粗略的预测方法。该方法的缺陷表现为（　　）。

A. 假设各项经营资产和经营负债与销售收入保持稳定的百分比，可能与事实不符

B. 假设计划营业净利率可以涵盖借款利息的增减，也不一定合理

C. 假设企业每年发放股利，可能与事实不符

D. 假设存在一部分可动用金融资产，不一定合理

7. 下列各项因素中，影响经济订货批量大小的因素有（　　）。

A. 仓库人员的固定月工资

B. 存货的年耗用量

C. 存货资金的应计利息

D. 保险储备量

8. 作业成本法的适用情景条件有（　　）。

A. 公司的人工费用在产品成本中占有较大比重

B. 公司的产品多样性程度高

C. 公司的规模比较小

D. 公司面临的竞争激烈

9. 下列计算式中，不正确的有（　　）。

A. 营业现金毛流量 = 税后经营净利润 + 折旧与摊销 - 经营营运资本增加

B. 实体现金流量 = 税后经营利润 - 资本支出

C. 股权现金流量 = 税后利润 - 股东权益增加

D. 债务现金流量 = 利息费用 - 净负债增加

10. 下列关于股票回购和现金股利的比较中，正确的有（　　）。

A. 两者都会使所有者权益总额减少

B. 两者都会使现金减少

C. 两者都属于股利支付方式

D. 股票回购方式和现金股利都需要缴纳股利收益税

11. 某公司正在开会讨论投产一种新产品，对以下收支发生争论：你认为不应列入该项目评价的现金流量的有（　　）。

A. 新产品投产需要占用营运资金 80 万元，它们可在公司现有周转资金中解决，不需要另外筹集

B. 该项目利用现有未充分利用的厂房和设备，如将该设备出租可获收益 200 万元，但公司规定不得将生产设备出租，以防止对本公司产品形成竞争

C. 产品销售会使本公司同类产品减少收益 100 万元，如果本公司不经营此产品，竞争对手也会推出新产品

D. 动用为其他产品储存的原料约 200 万元

12. 下列关于“存货周转率”指标的说法中，正确的有（　　）。

A. 在分析短期偿债能力时，存货周转率的计算应使用“销售收入”

B. 存货周转次数越高越好

C. 一般情况下，销售增加不会引起存货周转率的明显变化

D. 在分析存货周转率时，既要重点关注变化大的存货项目，也不能完全忽视变化不大的存货项目，其内部可能隐藏着重要问题

三、计算分析题（本题型共 5 小题 40 分。其中一道小题可以选用中文或英文解答，请仔细阅读答题要求。如使用英文解答，须全部使用英文，答题正确的，增加 5 分。本题型最高得分为 45 分。涉及计算的，要求列出计算步骤，否则不得分，除非题目特别说明不需要列出计算过程。）

1. C 公司 2016 年 A 产品销售收入为 4 000 万元，总成本为 3 000 万元，其中固定成本为 600 万元。2017 年有两种信用政策方案可供选择：

甲方案给予客户 45 天信用期限（*n*/45），预计销售收入为 5 000 万元，货款将于第 45 天收到，其收账费用为 20 万元，坏账损失率为货款的 2%。

乙方案的信用政策为（2/10、1/20、*n*/90），预计销售收入为 5 400 万元，将有 30% 的货款于第 10 天收到，20% 的货款于第 20 天收到，其余 50% 的货款于第 90 天收到（前两部分货款不会产生坏账，后一部分货款的坏账损失率为该部分货款的 4%），收账费用为 50 万元。该公司的资本成本率为 8%。

要求：

为 C 公司做出采取何种信用政策的决策，并说明理由。

2. X 公司是一家环保类上市公司，每年取得的利润在下年分配。2019 年公司净利润 12 000 万元。2020 年分配现金股利 4 000 万元，预计 2020 年净利润 15 000 万元。2020 年只投资一个新项目，总投资额 9 000 万元。X 公司对 2020 年的利润分配方案进行了讨论，试根据以下方案进行计算和比较：

要求：

（1）方案一：建议采用固定股利政策，试计算 2020 年净利润的股利支付率。

（2）方案二：建议采用固定股利支付率政策，计算 2020 年净利润的股利支付率。

（3）方案三：建议采用剩余股利政策，假设公司的目标资本结构是负债/权益等于 2/3，计算 2020 年净利润的股利支付率。

（4）方案四：建议采用低正常股利加额外股利政策，低正常股利为 2 000 万元，额外股利为 2020 年净利润扣除低正常股利后余额的 20%，计算 2020 年净利润的股利支付率。

（5）试比较上述几种方案提议的股利政策的优点和缺点。

3. 某公司业务资料如下：

（1）该公司一车间生产甲乙两种产品，2016 年初制定的全年的一车间间接费用的成本动因预算资料如下：

作业成本集合	成本动因	间接成本预算额（元）	成本动因作业水平预算额
质量控制	检查次数	500 000	10 000 次
机器设置	设置次数	1 000 000	10 000 次
账款登记	发票数	6 500	250 张
车间管理成本	直接工时	300 000	30 000 小时
合计		1 806 500	

（2）该公司按分批法计算产品成本，2016 年 2 月 5 日，该公司接下 A 客户要求生产

500 台甲产品、400 台乙产品的订单，其订单生产实际要求为：

产品	检查次数（次）	设置次数（次）	发票数（张）	直接工时（小时）
甲	250	2 000	50	10 000
乙	400	3 000	40	8 000

（3）2016 年 2 月 28 日，为 A 客户加工的产品全部完工，本月根据材料分配表，该批产品所耗费的直接材料的实际成本甲产品为 1 250 000 元，乙产品为 1 100 000 元。

（4）2016 年 2 月 28 日，根据工薪分配表、固定资产折旧计算表、燃料和动力分配表、材料分配表及其他间接费用的原始凭证等归集的 2016 年 2 月的间接费用实际发生额如下：

作业成本集合	间接成本（元）
质量控制	40 000
机器设置	512 500
账款登记	2 000
车间管理成本	182 250
合计	736 750

要求：

（1）若该公司按预算作业成本分配率分配作业成本，发生的差异可以直接结转本期营业成本，则在作业成本法下，A 客户 500 台甲产品和 400 台乙产品应分配的作业成本是多少？产品总成本是多少？

（2）若该公司按预算作业成本分配率分配作业成本，发生的差异按照分配的预算作业成本比例分配给甲乙产品，则在作业成本法下，A 客户 500 台甲产品和 400 台乙产品的实际产品总成本是多少？

4. 甲公司是一家上市公司，其股票于 2019 年 8 月 1 日的收盘价为每股 40 元。有一种以该股票为标的资产的看涨期权，执行价格为 43 元，到期时间是 3 个月。3 个月以内公司不会派发股利，3 个月以后股价有 2 种变动的可能：上升到 48 元或者下降到 30 元。3 个月到期的政府债券利率为 4%（年名义利率）。

要求：

（1）利用风险中性原理，计算甲公司股价的上行概率和下行概率以及看涨期权的价值。（结果保留 4 位小数）

（2）如果该看涨期权的现行价格是 2.5 元，请根据套利原理，构建一个投资组合进行套利。

5. 甲公司是一家食品制造业企业，产品市场需求处于上升阶段，为增加产能，公司拟于 2020 年初添置一台设备，有两种方案可供选择：

方案一：自行购置。预计设备购置成本 3 000 万元。按税法规定，该设备按直线法计提折旧，折旧年限 5 年，净残值为 10%，预计该设备使用 4 年，每年末支付维护费用 20 万元，4 年后变现价值 800 万元。

方案二：租赁，甲公司租用设备进行生产，租赁期 4 年，设备的维护费用由提供租赁服务的公司承担，租赁期内不得撤租，租赁期满时设备所有权不转让，租赁费总计 2 860 万元，分 4 年偿付，每年末支付 715 万元。

甲公司的企业所得税税率为 25%，税前有担保的借款利率为 8%。

要求：

（1）计算方案一的每年折旧抵税额、每年维护费用税后净额、4 年后设备变现税后净额，并计算考虑货币时间价值的平均年成本。

（2）判断租赁性质，计算方案二的考虑货币时间价值的平均年成本。

（3）比较方案一和方案二的平均年成本，判断甲公司应该选择方案一还是方案二。

四、综合题（本题共 15 分。涉及计算的，要求列出计算步骤，否则不得分，除非题目特别说明不需要列出计算过程。）

甲公司是一家化工原料生产企业，生产经营无季节性。股东使用管理用财务报表分析体系对公司 2019 年度业绩进行评价。主要的管理用财务报表数据如下：

单位：万元

资产负债表项目（年末）	2019 年	2018 年
经营性流动资产	8 000	6 000
减：经营性流动负债	3 000	1 000
经营性长期资产	26 000	22 000
净经营资产合计	37 000	29 000
短期借款	1 200	0
长期借款	12 000	7 000
净负债合计	13 200	7 000
股本	15 000	15 000
资本公积	5 800	5 800
留存收益	3 000	1 200
股东权益合计	23 800	22 000
利润表项目（年度）	2019 年	2018 年
营业收入	45 000	30 000
税后经营净利润	6 000	4 000
减：税后利息费用	1 200	500
净利润	4 800	3 500

甲公司一直采用固定股利支付率政策，股利支付率为 60%。甲公司的企业所得税税率为 25%。为简化计算，计算相关财务指标时，涉及的资产负债表数据均使用其各年末数据。

要求：

（1）计算甲公司 2019 年和上年的净经营资产净利率、税后利息率、净财务杠杆、经营差异率、杠杆贡献率和权益净利率。

（2）对2019年权益净利率较上年变动的差异进行因素分解，依次计算净经营资产净利率、税后利息率和净财务杠杆的变动对2019年权益净利率变动的影响。

（3）如果甲公司2019年的营业净利率、净经营资产周转率与股利支付率不变，计算甲公司的内含增长率。

（4）若甲公司不打算增发股票（或回购股票），维持2019年营业净利率、股利支付率、资产周转率和资产负债率不变，则2020年预期销售增长率为多少？

（5）简述可持续增长率和内含增长率的区别。

2020 年注册会计师全国统一考试
《财务成本管理》全真模拟试题（七）
参考答案及解析

一、单项选择题

1. 【答案】A

【解析】经营租赁合同中的承诺付款能够降低企业短期偿债能力；选项 B、C 会增加企业短期偿债能力；选项 D 不会影响企业短期偿债能力。

2. 【答案】A

【解析】多头看跌期权的净收益有限，股价最多跌到 0，净收益最大值 = 执行价格 - 期权费。

3. 【答案】B

【解析】存货占用资金 = 存货平均余额 = 销售成本/存货周转率 = 3 000 × 60%/6 = 300（万元），存货占用资金的应计利息 = 300 × 10% = 30（万元）。

4. 【答案】C

【解析】股东权益市场增加值 = 股东财富的增加 = 股权市场价值 - 股东投资资本。因此，假设股东投资资本不变，每股股价最大化与增加股东财富具有同等意义。

5. 【答案】A

【解析】基本标准成本是指一经制定，只要生产的基本条件无重大变化，就不予变动的一种标准成本。所谓生产的基本条件的重大变化是指产品的物理结构变化、重要原材料和劳动力价格的重要变化、生产技术和工艺的根本变化等。

6. 【答案】A

【解析】平价发行的平息债券发行后债券价值先上升，在付息日由于割息而下降，但是不会低于面值。因此，平价发行的平息债券发行后呈波动的趋势，到期日之前可能高于或等于债券面值，所以选项 A 正确。

7. 【答案】B

【解析】无税 MM 理论下，有负债企业价值 = 无负债企业价值；有税 MM 理论下，有负债企业价值 = 无负债企业价值 + 债务利息抵税现值；权衡理论下，有负债企业价值 = 无负债企业价值 + 债务利息抵税现值 - 财务困境成本现值；代理理论下，有负债企业价值 = 无负债企业价值＋债务利息抵税现值－财务困境成本现值－债务代理成本现值＋债务代理收益现值。所以选项B正确。

8.【答案】C

【解析】在产品成本按定额成本计算时，将月初在产品成本加上本月发生费用，减去月末在产品的定额成本，就可算出产成品的总成本了。由此可知，实际成本脱离定额的差异会完全由完工产品负担。

9.【答案】A

【解析】风险补偿率是信用级别与目标公司相同的上市公司债券和与其同期的长期政府债券到期收益率的差额。

10.【答案】C

【解析】本题考核公司价值的计算。实际折现率＝(1＋11.3%)/(1＋5%)－1＝6%，增加的公司价值＝项目净现值＝7 200/(1＋6%)－6 000＝792（万元）。

11.【答案】B

【解析】三因素分析法是将固定制造费用成本差异分为耗费差异、效率差异和闲置能量差异三部分。固定制造费用闲置能量差异＝固定制造费用预算－实际工时×固定制造费用标准分配率＝(生产能量－实际工时)×固定制造费用标准分配率＝(1 300－1 100)×9＝1 800(元)。

12.【答案】C

【解析】本题考核项目评价的原理和方法。年折旧＝150/10＝15（万元），经营期内年净现金流量＝15＋15＝30（万元），静态投资回收期＝150/30＝5（年）。

13.【答案】A

【解析】执行价格现值 $PV(X)$＝股票的现行价格 S－看涨期权价格 C＋看跌期权价格 P＝65－9.72＋3.25＝58.53（元）；无风险年利率＝60/58.53－1＝2.51%。

14.【答案】B

【解析】固定制造费用总差异＝固定制造费用实际数－固定制造费用标准成本＝固定制造费用实际数－实际产量×单位标准工时×固定制造费用标准分配率；固定制造费用耗费差异＝固定制造费用实际数－固定制造费用预算数＝实际工时×固定制造费用实际分配率－生产能量×固定制造费用标准分配率；固定制造费用能量差异＝(生产能量－实际产量标准工时)×固定制造费用标准分配率；固定制造费用闲置能量差异＝(生产能量－实际工时)×固定制造费用标准分配率；固定制造费用效率差异＝(实际工时－实际产量标准工时)×固定制造费用标准分配率。

二、多项选择题

1.【答案】BD

【解析】长期股权投资是为了经营活动而持有的，属于经营资产。应收利息是债务筹资的利息，属于金融资产。交易性金融资产是短期持有的、利用闲置资金获得的投资收益，属于金融资产。应收账款属于经营资产。

2.【答案】ABD

【解析】固定预算法和弹性预算法的区分是由于业务量基础的数量特征的不同。固定预算法是指在编制预算时，只根据预算期内正常、可实现的某一固定的业务量水平作为唯一基础来编制预算的方法。弹性预算法是在成本形态分析的基础上，依据业务量、成本和利润之间的联动关系，按照预算期内可能的一系列业务量水平编制的系列预算方法。

3.【答案】AC

【解析】本题是考核利用图形把握成本分析模式下最佳现金持有量的特点。管理成本是固定成本，所以选项B、D不正确。

4.【答案】BD

【解析】真实的经济增加值要求对每一个经营单位使用不同的资金成本。计算特殊的经济增加值时，通常对公司内部所有经营单位使用统一的资金成本。

5.【答案】BC

【解析】本题考核期权价值的影响因素知识点。期权的内在价值大于等于0，不会小于0。所以选项A不正确。期权的时间溢价是等待的价值，而不是延续的价值。所以选项D不正确。

6.【答案】AB

【解析】本题考核销售百分比法。销售百分比法是一种比较简单、粗略的预测方法。首先，该方法假设各项经营资产和经营负债与销售收入保持稳定的百分比，可能与事实不符。其次，该方法假设计划营业净利率可以涵盖借款利息的增减，也不一定合理。

7.【答案】BC

【解析】根据存货经济订货批量的公式，可以确定影响经济订货批量大小的因素主要是存货的年耗用量、单位存货的年储存成本和每次订货成本，存货资金的应计利息是最主要的变动储存成本。因此选项B、C是相关影响因素。而仓库人员的固定月工资是固定储存成本，其与经济订货量无关；保险储备是企业为避免缺货或供应中断损失而额外储备的存货，它一旦确定后就形成企业一个相对固定的储存成本，它不影响每次订货量。

8.【答案】BD

【解析】作业成本法适用于制造费用在产品成本中占有较大比重的公司。在这样的公司中，如果使用单一的分配率，成本信息的扭曲会比较严重。所以选项A错误。作业成本法适用于规模较大的公司。所以选项C错误。

9.【答案】ABD

【解析】营业现金毛流量=税后经营净利润+折旧与摊销；实体现金流量=营业现金净流量-资本支出；债务现金流量=税后利息费用-净负债增加。

10.【答案】AB

【解析】现金股利属于股利支付方式，股票回购不属于股利支付方式。因此选项C错误。股票回购方式中股东得到的资本利得需缴纳资本利得税，税赋低，而发放现金股利后股东需要缴纳股利收益税，税赋高。因此选项D错误。

11.【答案】BC

【解析】选项A和选项D，没有实际的现金流动，但是动用了企业现有可利用的资源，这部分资源无法用于其他途径，因此构成了项目的现金流量；选项B和选项C，由于是否投产新产品不改变企业总的现金流出，不应列入项目的现金流量。

12.【答案】ACD

【解析】存货周转次数不是越高越好，存货过多会浪费资金，存货过少不能满足流转需要，在特定的生产经营条件下存在一个最佳的存货水平。

三、计算分析题

1.【答案】

（1）①变动成本总额 =3 000 -600 =2 400（万元）

②变动成本率 =2 400/4 000 ×100% =60%

（2）乙、甲两方案收益之差 =5 400 ×（1 -60%）-5 000 ×（1 -60%）=160（万元）

（3）甲方案的相关成本：

①应收账款占用资金的应计利息 =（5 000 ×45）/360 ×60% ×8% =30（万元）

②坏账损失 =5 000 ×2% =100（万元）

③收账费用 =20（万元）

④采用甲方案的应收账款相关成本 =30 +100 +20 =150（万元）

乙方案的相关成本：

①平均收账天数 =10 ×30% +20 ×20% +90 ×50% =52（天）

②应收账款占用资金的应计利息 =（5 400 ×52）/360 ×60% ×8% =37.44（万元）

③坏账损失 =5 400 ×50% ×4% =108（万元）

④现金折扣成本 =5 400 ×30% ×2% +5 400 ×20% ×1% =43.2（万元）

⑤收账费用 =50（万元）

⑥采用乙方案的应收账款相关成本 =37.44 +108 +50 +43.2 =238.64（万元）

乙、甲两方案成本之差 =238.64 -150 =88.64（万元）

（4）乙、甲两方案相关税前损益之差 =160 -88.64 =71.36（万元）

因为乙方案比甲方案增加收益 71.36 万元，所以应选用乙方案。

2.【答案】

（1）2020 年净利润的股利支付率 =4 000/15 000 =26.67%

（2）2020 年净利润的股利支付率 =4 000/12 000 =33.33%

（3）2020 年净利润的股利支付率 =（15 000 -9 000 ×3/5）/15 000 =64%

（4）2020 年股利 =2 000 +（15 000 -2 000）×20% =4 600（万元）

2020 年净利润的股利支付率 =4 600/15 000 =30.67%

（5）①固定股利政策有利于树立公司良好形象，增强投资者对公司的信心，稳定股票的价格；稳定的股利额有利于投资者安排股利收入和支出；稳定的股利可能要比降低股利或降低股利增长率对稳定股价更为有利。缺点在于股利的支付与盈余相脱节。当盈余较低时仍要支付固定的股利，这可能导致资金短缺；同时不能像剩余股利政策那样保持较低的资本成本。

②固定股利支付率政策能使股利与公司盈余紧密地配合，以体现多盈多分、少盈少分、无盈不分的原则，能真正公平地对待每一位股东。但是在这种政策下各年的股利变动较大，极易造成公司不稳定的感觉，对于稳定股票价格不利。

③剩余股利政策可以保持理想的资本结构，使加权平均资本成本最低。

④低正常股利加额外股利政策使公司具有较大的灵活性；这种股利政策可使那些依靠股

利度日的股东每年至少可以得到虽然低但比较稳定的股利收入，从而吸引住这部分股东。

3.【答案】

（1）质量控制预算作业成本分配率＝500 000÷10 000＝50（元/次）

机器设置预算作业成本分配率＝1 000 000÷10 000＝100（元/次）

账款登记预算作业成本分配率＝6 500÷250＝26（元/张）

车间管理成本预算作业成本分配率＝300 000÷30 000＝10（元/小时）

500台甲产品应分配的作业成本＝50×250＋100×2 000＋26×50＋10×10 000

＝313 800（元）

甲产品总成本＝直接成本＋已分配的作业成本

＝1 250 000＋313 800＝1 563 800（元）

400台乙产品应分配的作业成本＝50×400＋100×3 000＋26×40＋10×8 000

＝401 040（元）

乙产品总成本＝直接成本＋已分配的作业成本

＝1 100 000＋401 040＝1 501 040（元）

（2）

作业成本集合	实际成本（元）	甲分配作业成本	乙分配作业成本	差异
质量控制	40 000	12 500	20 000	7 500
机器设置	512 500	200 000	300 000	12 500
账款登记	2 000	1 300	1 040	－340
车间管理成本	182 250	100 000	80 000	2 250

甲产品应分配的差异＝7 500×12 500/(12 500＋20 000)＋12 500×200 000/(200 000＋300 000)＋(－340)×1 300/(1 300＋1 040)＋2 250×100 000/(100 000＋80 000)

＝8 945.73

乙产品应分配的差异＝7 500×20 000/(12 500＋20 000)＋12 500×300 000/(200 000＋300 000)＋(－340)×1 040/(1 300＋1 040)＋2 250×80 000/(100 000＋80 000)

＝12 964.27

甲产品成本＝1 563 800＋8 945.73＝1 572 745.73（元）

乙产品成本＝1 501 040＋12 964.27＝1 514 004.27（元）

4.【答案】

（1）股价上升百分比＝(48－40)/40＝20%

股价下降百分比＝(40－30)/40＝25%

期利率＝4%/4＝1%

风险中性原理：

无风险利率＝期望报酬率＝上行概率×股价上升百分比＋下行概率×股价下降百分比

1%＝上行概率×20%＋(1－上行概率)×(－25%)

上行概率 $P=0.5778$

下行概率 $=1-$上行概率 $=0.4222$

$C_u=48-43=5$（元）

$C_d=0$

看涨期权价值 $=\dfrac{C_u\times p+C_d\times(1-p)}{1+r}$

$=(5\times0.5778+0\times0.4222)/(1+1\%)$

$=2.8604$（元）

（2）购买股票的股数 $H=\dfrac{C_u-C_d}{S_u-S_d}=(5-0)/(48-30)=0.28$（股）

借款数额 $=\dfrac{HS_d-C_d}{1+r}=(0.28\times30-0)/(1+1\%)=8.32$（元）

按照复制原理看涨期权的价值 $=HS_0-B=0.28\times40-8.32=2.88$（元）

由于目前看涨期权价格为 2.5 元，低于 2.88 元，所以存在套利空间。套利组合应为：卖空 0.28 股股票，买入无风险债券（或按照无风险利率贷出款项）8.32 元，同时买入 1 股看涨期权进行套利，可套利金额为 0.38 元（2.88－2.50）。

5.【答案】

（1）每年折旧额 $=3\,000\times(1-10\%)/5=540$（万元）

年折旧抵税额 $=540\times25\%=135$（万元）

每年维护费税后净额 $=20\times(1-25\%)=15$（万元）

4 年后设备账面价值 $=3\,000-540\times4=840$（万元）

4 年后设备变现损失纳税额 $=(840-800)\times25\%=10$（万元）

4 年后设备变现税后现金净流量 $=800+10=810$（万元）

购置方案折现率 $=8\%\times(1-25\%)=6\%$

购置方案现金流出总现值 $=3\,000+15\times(P/A,6\%,4)-135\times(P/A,6\%,4)-810\times(P/F,6\%,4)$

$=3\,000+15\times3.4651-135\times3.4651-810\times0.7921$

$=1\,942.59$（万元）

考虑货币时间价值的平均年成本 $=1\,942.59/(P/A,6\%,4)$

$=560.61$（万元）

（2）租赁期限占资产使用年限的 $4/5\times100\%=80\%$，超过 75%，因此租赁属于融资租赁。租金不可以直接抵税。

租赁方案折现率 $=8\%\times(1-25\%)=6\%$

每年折旧额 $=2\,860\times(1-10\%)/5=514.8$（万元）

年折旧抵税额 $=514.8\times25\%=128.7$（万元）

设备租赁期满时设备所有权不转让，期末资产变现流入 $=0$

期末资产账面价值 $=2\,860-514.8\times4=800.8$（万元）

期末资产变现损失抵税 $=800.8\times25\%=200.2$（万元）

租赁方案的现金流出总现值 $=715\times(P/A,6\%,4)-128.7\times(P/A,6\%,4)-200.2$

×（P/F，6%，4）

=715×3.4651－128.7×3.4651－200.2×0.7921

=1 873.01（万元）

考虑货币时间价值的平均年成本=1 873.01/（P/A，6%，4）

=1 873.01/3.4651

=540.54（万元）

（3）方案一的平均年成本大于方案二的平均年成本，所以甲公司应选择方案二。

四、综合题

【答案】

（1）2019 年：

净经营资产净利率=税后经营净利润/净经营资产=6 000/37 000=16.22%

税后利息率=税后利息/净负债=1 200/13 200=9.09%

净财务杠杆=净负债/股东权益=13 200/23 800=0.55

经营差异率=净经营资产净利率－税后利息率=16.22%－9.09%=7.13%

杠杆贡献率=经营差异率×净财务杠杆=7.13%×0.55=3.92%

权益净利率=净经营资产净利率+杠杆贡献率=16.22%+3.92%=20.14%

2018 年：

净经营资产净利率=税后经营净利润/净经营资产=4 000/29 000=13.79%

税后利息率=税后利息/净负债=500/7 000=7.14%

净财务杠杆=净负债/股东权益=7 000/22 000=0.32

经营差异率=净经营资产净利率－税后利息率=13.79%－7.14%=6.65%

杠杆贡献率=经营差异率×净财务杠杆=6.65%×0.32=2.13%

权益净利率=净经营资产净利率+杠杆贡献率=13.79%+2.13%=15.92%

（2）2018 年权益净利率=15.92%

替代净经营资产净利率：16.22%+（16.22%－7.14%）×0.32=19.13%

替代税后利息率：16.22%+（16.22%－9.09%）×0.32=18.50%

替代净财务杠杆：16.22%+（16.22%－9.09%）×0.55=20.14%

净经营资产净利率变动影响=19.13%－15.92%=3.21%

税后利息率变动影响=18.50%－19.13%=－0.63%

净财务杠杆变动影响=20.14%－18.50%=1.64%

（3）2018 年的营业净利率=净利润/营业收入=4 800/45 000=10.67%

净经营资产周转率=营业收入/净经营资产=45 000/37 000=1.22

股利支付率=60%

$$内含增长率=\frac{预计营业净利率×预计净经营资产周转率×预计留存利润率}{1-预计营业净利率×预计净经营资产周转率×预计留存利润率}$$

=（10.67%×1.22×40%）/（1－10.67%×1.22×40%）

=5.49%

（4）ROE=净利润/股东权益=4 800/23 800=20.17%

$$2020\text{年预期销售增长率}=2019\text{年可持续增长率}=\frac{ROE_{\text{期末}}\times\text{利润留存率}}{1-ROE_{\text{期末}}\times\text{利润留存率}}$$

$$=(20.17\%\times40\%)/(1-20.17\%\times40\%)$$

$$=8.78\%$$

（5）可持续增长率是指不增发新股或回购股票，不改变经营效率（不改变营业净利率和资产周转率）和财务政策（不改变权益乘数和利润留存率）时，其销售所能达到的增长率。

内含增长率是只靠内部积累（即增加留存收益）实现的销售增长率。

可持续增长率的假设条件是：

①公司的营业净利率将维持当前的水平，并且可以涵盖新增债务增加的利息。

②公司的总资产周转率将维持当前的水平。

③公司目前的资本结构是目标资本结构，并且打算继续维持下去。

④公司目前的利润留存率是目标利润留存率，并且打算继续维持下去。

2020年注册会计师全国统一考试
《财务成本管理》全真模拟试题（八）

一、单项选择题（本题型共14小题，每小题1.5分，共21分。每小题只有一个正确答案，请从每小题的备选答案中选出一个你认为最正确的答案，用鼠标点击相应的选项。）

1. 为了评估资产的变现能力，计算存货周转率时，分子应采用（　　）。

A. 营业收入　　B. 营业成本

C. 赊销收入　　D. 毛利

2. 甲投资人以自有资金100万元和以6%的无风险利率借入的资金60万元进行证券投资，证券市场组合的标准差是20%，则甲投资人的标准差是（　　）。

A. 20%　　B. 28%

C. 32%　　D. 22.4%

3. 下列表述中，不正确的是（　　）。

A. 作业成本管理就是要努力找到非增值作业成本并努力消除它、转换它或将之降到最低

B. 作业成本管理主要从成本方面来优化企业的作业链和价值链

C. 面临的竞争越激烈的企业适合采用作业成本法

D. 公司规模较大的企业不适合采用作业成本法

4. 某公司为中央企业，2019年实现的净利润为612万元，财务费用中的利息支出为195万元，“管理费用”项目下的“研究与开发费”和当期确认为无形资产的研究开发支出为300万元，本年无息流动负债为954万元，上年无息流动负债为742.5万元，平均所有者权益为3 330万元，平均负债合计为4 140万元，平均在建工程为119.25万元，其中包含的资本化利息为19.25万元，公司适用的所得税税率为25%。则按简化办法计算的2019年的经济增加值为（　　）。

A. 625.61　　B. 576.35

C. 489.23　　D. 343.19

5. 甲上市公司2019年度的利润分配方案是每10股派发现金股利15元，预计公司股利可按8%的速度稳定增长，股东要求的收益率为16%，则甲公司股票的预期价格为（　　）元。

A. 20　　B. 21.2

C. 25.12　　D. 20.25

6. 甲公司是一家电器销售企业，每年6月至10月是销售旺季，管理层拟用存货周转率分析存货管理业绩，则适合使用的公式是（　　）。

A. 存货周转率 = 营业收入/(Σ各月末存货/12)

B. 存货周转率 = 营业成本/(Σ各月末存货/12)

C. 存货周转率 = 营业成本/［(年初存货 + 年末存货)/2］

D. 存货周转率 = 营业收入/［(年初存货 + 年末存货)/2］

7. 某投资中心的平均净经营资产额为100 000元，最低投资报酬率为20%，剩余收益为20 000元，则该中心的投资报酬率为（　　）。

A. 10%　　B. 20%

C. 30%　　D. 40%

8. 下列关于首次公开发行股票并上市的条件的表述中，错误的是（　　）。

A. 最近一期末不存在未弥补亏损

B. 发行前股本总额不少于人民币3 000万元

C. 最近3个会计年度经营活动产生的现金流量净额累计超过人民币3 000万元或者最近3个会计年度营业收入累计超过人民币3亿元

D. 最近一期末无形资产（扣除土地使用权、水面养殖权和采矿权等后）占净资产的比例不高于20%

9. 下列各项中，通常不会导致企业资本成本增加的是（　　）。

A. 通货膨胀减缓　　B. 投资风险上升

C. 国民经济不景气　　D. 证券市场流动性降低

10. 甲公司采用固定股利支付率政策，股利支付率为60%，2019年甲公司每股收益5元，预期可持续增长率为5%，股权资本成本为13%，期末每股净资产为25元，预期下年度权益净利率增长6%，没有优先股。则2019年末甲公司的内在市净率为（　　）。

A. 1.52　　B. 1.48

C. 1.17　　D. 1.59

11. 标准成本中心考核中应包括的是（　　）。

A. 定价决策　　B. 产品结构决策

C. 固定制造费用的耗费差异　　D. 生产能力的利用程度

12. 在存货的管理中，与建立合理保险储备量无关的因素是（　　）。

A. 缺货成本　　B. 平均库存量

C. 交货期　　D. 存货需求量

13. 假设LC公司的股票现在的市价为40元。一年以后股价有两种可能：上升33.33%或者降低25%。有1股以该股票为标的资产的看涨期权，在利用复制原理确定其价格时，如果已知该期权的执行价格为20元，则套期保值比率为（　　）。

A. 1.45　　B. 1

C. 0.42　　D. 0.5

14. 某项目的生产经营期为5年，设备原值为20万元，预计净残值收入5 000元，税法规定的折旧年限为4年，税法预计的净残值为8 000元，直线法计提折旧，所得税税率为30%，设备使用5年后报废时，收回营运资金2 000元，则终结点现金净流量为（　　）元。

A. 4 100　　B. 8 000

C. 5 000　　D. 7 900

二、多项选择题（本题型共12小题，每小题2分，共24分。每小题均有多个正确答案，请从每小题的备选答案中选出你认为正确的答案，用鼠标点击相应的选项。每小题所有答案选择正确的得分，不答、错答、漏答均不得分。）

1. 甲公司2019年度实现净利润240万元。税后利息费用为75万元，折旧与摊销为60万元，经营营运资本增加80万元，净经营性长期资产增加100万元。下列选项中，错误的有（　　）。

A. 甲公司2019年的税后经营净利润为375万元

B. 甲公司2019年的营业现金毛流量为375万元

C. 甲公司2019年的营业现金净利率为295万元

D. 甲公司2019年的实体现金流量为195万元

2. 甲公司股票当前的市价是每股15元，有一种以该股票为标的资产的看跌期权，执行价格为10元，到期时间为3个月，期权价格为5元，下列关于该看跌期权的说法中，正确的有（　　）。

A. 该期权处于虚值状态

B. 该期权的内在价值为0元

C. 买入1股该看跌期权的最大净收入为15元

D. 买入1股该看跌期权的最大净收益为5元

3. 下列关于资本成本的说法中，正确的有（　　）。

A. 资本成本的本质是企业为筹集和使用资金而实际付出的代价

B. 公司资本成本是公司取得资本使用权的代价

C. 公司资本成本是公司投资人要求的必要报酬率

D. 项目资本成本可以视为项目投资或使用资本的机会成本

4. 下列有关经济增加值特点的表述中，正确的有（　　）。

A. 经济增加值直接与股东财富的创造相联系

B. 经济增加值的吸引力主要在于它把资本预算、业绩评价和激励报酬结合起来了

C. 经济增加值克服了投资报酬率处于成长阶段较低，而处于衰退阶段可能较高的缺点

D. 经济增加值的缺点是不具有比较不同规模企业的能力

5. 下列各项指标中，属于业绩计量的非财务指标的有（　　）。

A. 市场占有率　　B. 净收益

C. 生产力　　D. 经济增加值

6. 下列关于全面预算中资产负债表预算编制的说法中，正确的有（　　）。

A. 资产负债表期末预算数额面向未来，通常不需要以预算期初的资产负债表数据为基础

B. 通常应先编制资产负债表预算再编制利润表预算

C. 存货项目的数据来自直接材料预算、产品成本预算

D. 编制资产负债预算的目的在与判断预算反映的财务状况的稳定性和流动性

7. 甲公司将某生产车间设为成本责任中心，该车间领用材料型号为GB007，另外还发生机器维修费、试验检验费以及车间折旧费。下列关于成本费用责任归属的表述中，正确的

有（　　）。

A. 型号为GB007的材料费用直接计入该成本责任中心

B. 车间折旧费按照受益基础分配计入该成本责任中心

C. 机器维修费按照责任基础分配计入该成本责任中心

D. 试验检验费归入另一个特定的责任中心

8. 下列内部转移价格制定方法中，提供产品的部门不承担市场变化风险的有（　　）。

A. 变动成本加固定费转移价格　　B. 以市场为基础的协商价格

C. 全部成本转移价格　　D. 市场价格

9. 公司基于不同的考虑会采用不同的股利分配政策，利用剩余股利政策的公司更多地关注（　　）。

A. 投资机会　　B. 公司支付能力

C. 盈余的稳定性　　D. 资本成本

10. 若公司直接平价发行普通债券，利率必须达到8%才能成功发行，如果发行股票，公司股票的β系数为1.2，目前无风险利率为4%，市场风险溢价率为5%，若公司目前适用的所得税税率为25%，则该公司若要发行可转换债券，下列不可以作为其税前融资成本区间的有（　　）。

A. 8%到16.77%之间　　B. 8%到13.33%之间

C. 小于8%　　D. 大于13.33%

11. 下列关于租赁的说法中，正确的有（　　）。

A. 按照我国税法规定，经营租赁的租金可以直接在税前扣除

B. 按照我国税法规定，融资租赁的租金可以直接在税前扣除

C. 目前我国税法的租赁分类与会计的分类不一致

D. 税法规定租赁的分类标准采用会计准则对租赁的分类和标准确认

12. 在使用平衡计分卡进行企业业绩评价时，需要处理几个平衡，下列各项中，正确的有（　　）。

A. 财务评价指标与非财务评价指标的平衡

B. 成果评价指标与过程评价指标的平衡

C. 定期评价指标与非定期评价指标的平衡

D. 外部评价指标与内部评价指标的平衡

三、计算分析题（本题型共5小题40分。其中一道小题可以选用中文或英文解答，请仔细阅读答题要求。如使用英文解答，须全部使用英文，答题正确的，增加5分。本题型最高得分为45分。涉及计算的，要求列出计算步骤，否则不得分，除非题目特别说明不需要列出计算过程。）

1. 假设A公司总股本的股数为100 000股，现采用公开方式发行20 000股，增发前一交易日股票市价为5元/股。老股东和新股东各认购了10 000股。

要求：

假设不考虑新募集资金投资的净现值引起的企业价值的变化，在增发价格分别为5.5元/股、5元/股、4.5元/股的情况下，老股东和新股东的财富将分别有什么变化？

2. X 公司下属 M 部门生产 A 产品。该部门作为成本中心，一直采用标准成本法控制成本和考核业绩。M 部门全年生产能量 1 300 000 机器工时，单位产品标准机器工时 120 小时，2019 年实际产量 12 000 件，实际耗用机器工时 1 464 000 小时。

2019 年完全成本法下的实际成本资料如下：①直接材料实际耗用 124 000 千克，实际价格 24 元/千克；②变动制造费用实际 4 296 000 元；③固定制造费用实际 2 928 000 元。

2019 年标准成本资料如下：①直接材料标准消耗 10 千克/件，标准价格 22 元/千克；②变动制造费用预算 3 900 000 元；③固定制造费用预算 2 600 000 元。

最近，新任部门经理提出按完全成本法下的标准成本考核业绩不合理，建议公司调整组织结构，将销售部门和生产部门合并为事业部，采用部门可控边际贡献考核经理业绩。目前，A 产品年销售 10 050 件，每件售价 1 100 元。经分析，50% 的固定制造费用为部门可控成本，50% 的固定制造费用为部门不可控成本。

要求：

（1）计算 A 产品的单位标准成本和单位实际成本。

（2）分别计算 A 产品总成本的直接材料的价格差异和数量差异、变动制造费用的价格差异和数量差异，用三因素分析法计算固定制造费用的耗费差异、闲置能量差异和效率差异，并指出各项差异是有利差异还是不利差异。

（3）计算 M 部门实际的部门可控边际贡献。

3. 甲公司是一家电子设备制造商，每年制造手机需要液晶屏幕 10 000 个，液晶屏幕外购成本为每件 76 元，公司已有的生产车间有能力制造这种屏幕，自制屏幕的单位相关成本资料如下：

相关成本资料　　单位：元

直接材料	42
直接人工	12
变动制造费用	8
固定制造费用	10
变动成本	62
生产成本	72

要求：

（1）如果公司具有足够的剩余生产能力，且剩余生产能力无法转移。甲公司应该自制还是外购?

（2）如果公司具有足够的剩余生产能力，但剩余生产能力可以转移用于加工电脑屏幕，每年可以节省电脑屏幕的外购成本 30 000 元。甲公司应该自制还是外购?

（3）如果公司目前只有生产手机屏幕 6 000 个的生产能力，且无法转移，若自制 10 000 个，则需要租入设备一台，月租金 5 000 元，这样使液晶屏幕的生产能力达到 13 000 个，甲公司应该自制还是外购?

（4）如果公司目前只有生产液晶屏幕 6 000 个的能力，剩余 4 000 个部分可以采用租入设备一台，月租金 5 000 元，这样使液晶屏幕的生产能力达到 13 000 个，也可以通过外购两种方式的结合，既可自制一部分，又可外购一部分。甲公司应该如何选择?

4. 甲公司是一家服装生产企业，套装的生产成本核算采用平行结转分步法。套装的生产在两个车间进行，甲公司不设半成品库，第一车间为第二车间提供半成品，第二车间将其加工为产成品，每件产成品消耗2件半成品，本月发生的生产费用数据已计入成本计算单。相关资料如下：

第一车间套装成本计算单

单位：元

项目	产量（件）	直接材料费用	直接人工费用	制造费用	合计
月初在产品		6 500	400	900	7 800
本月生产费用		19 900	5 270	9 180	34 350
合计		26 310	5 670	10 080	42 150
分配率					
产成品中本步骤份额					
月末在产品					

第二车间套装成本计算单

单位：元

项目	产量（件）	直接材料费用	直接人工费用	制造费用	合计
月初在产品			260	230	490
本月生产费用			4 300	6 490	10 790
合计			4 368	6 720	11 280
分配率					
产成品中本步骤份额					
月末在产品					

套装成本汇总计算表

单位：元

项目	产量（件）	直接材料费用	直接人工费用	制造费用	合计
第一车间					
第二车间					
合计					
单位成本					

该公司产成品和月末在产品之间分配费用的方法采用约当产量法，材料在生产开始时一次投入，其他成本费用陆续发生，各步骤在产品的资料如下：

生产车间	月初本步骤在产品（完工率50%）	本月投入	本步骤完工	月末本步骤在产品（完工率50%）
第一车间	100件	220件	260件	60件
第二车间	40件	260件	180件	120件

要求：

计算填列“第一车间甲产品成本计算单”，“第二车间甲产品成本计算单”和“甲产品成本汇总计算表”。（误差倒挤入月末在产品成本）

5. 甲企业是一家上市公司，采用直线法计提折旧，所得税税率为 25%。甲企业计划进行某项投资活动，有 A、B 两个备选的互斥投资方案资料如下：

（1）A 方案原始投资 150 万元，其中，固定资产投资 125 万元，营运资本投资 25 万元，全部资金于建设起点一次投入。初始期为 0，经营期为 5 年，到期净残值收入 5 万元，预计投产后年营业收入 100 万元，不包含财务费用的年总成本费用为 60 万元。

（2）B 方案原始投资 200 万元，其中，固定资产投资 140 万元，营运资本投资 60 万元。初始期 2 年，经营期为 5 年，固定资产投资于初始期起点投入，营运资本投资于初始期结束时投入，固定资产净残值收入 14 万元，项目投产后，年营业收入 150 万元，年付现成本 80 万元。全部流动资金于终结点收回。

要求：

（1）计算 A、B 方案各年的净现金流量。

（2）计算 A、B 方案包括初始期的静态回收期。

（3）甲企业所在行业的基准折现率为 10%，计算 A、B 方案的净现值。

（4）计算 A、B 两方案净现值的等额年金，并比较两个方案的优劣。

四、综合题（本题共 15 分。涉及计算的，要求列出计算步骤，否则不得分，除非题目特别说明不需要列出计算过程。）

H 公司是一家化妆品连锁上市公司。为在某机场开设一个新门店，参加商城内一处商铺的租约竞标。出租方要求，租约合同为期 5 年，不再续约，租金在合同生效时一次付清。相关资料如下：

（1）H 公司目前股价 32 元/股，流通在外的普通股股数为 2 000 万股，债务市值 40 000 万元，到期收益率 7%，无风险利率为 4%，权益市场风险溢价为 6%，H 公司的 β 系数为 1.5，H 公司适用的所得税税率为 25%。

（2）H 公司开设机场门店后，第 1 年预计营业收入 300 万元，第 2、第 3 年预计营业收入均为 400 万元，第 4、第 5 年预计营业收入 500 万元。预计营业变动成本为营业收入的 60%，营业固定成本（不含设备折旧或租金）为每年 50 万元。假设营业现金流量均发生在年末。开业时需投入营运资本 30 万元，合同结束时全部收回。

（3）开设机场门店需添置相关设备，预计购置成本为 270 万元，没有运输、安装、维护等其他费用。按照税法规定，可采用年数总和法计提折旧，折旧年限为 5 年，期末账面价值为 0。合同结束时，预计该设备的变现价值为 40 万元。

要求：

（1）开设门店是公司的扩张业务，可以使用公司的加权平均资本成本作为项目现金流量的折现率。假设资本资产定价模型成立，以市值为资本结构权重，计算该公司的加权平均资本成本。（结果保留整数）

（2）为使该项目盈利，H 公司竞价时最高的租金报价应是多少？

（3）假设每年营业收入相同，如果出租方要求的最低竞价租金为 60 万元，为使该项目有利，H 公司每年最低的营业收入应是多少？

2020 年注册会计师全国统一考试《财务成本管理》全真模拟试题（八）参考答案及解析

一、单项选择题

1.【答案】A

【解析】评估存货管理的业绩时，存货周转率 = 营业成本 ÷ 平均存货。分子和分母保持口径一致。在短期偿债能力分析中，为了评估资产的变现能力需要计量存货转换为现金的金额和时间，分子应采用“营业收入”。注意：计算存货周转率时，使用“营业收入”还是“营业成本”作为周转额，要看分析的目的。

2.【答案】C

【解析】本题中，$Q=(100+60)/100=1.6$。总的标准差 $=Q\times$ 风险组合的标准差 $=1.6\times 20\%=32\%$。

3.【答案】D

【解析】公司规模比较大，有强大的信息沟通渠道和完善的信息管理基础设施，并且对信息的需求更为强烈，适合采用作业成本法。

4.【答案】A

【解析】税后净营业利润 = 净利润 +（利息支出 + 研究开发费用调整项）×（1 − 25%）= 612 +（195 + 300）×（1 − 25%）= 983.25（万元）；调整后资本 = 平均所有者权益 + 平均负债合计 − 平均无息流动负债 − 平均在建工程 = 3 330 + 4 140 −（954 + 742.5）/2 − 119.25 = 6 502.5（万元）；经济增加值 = 税后净营业利润 − 调整后资本 × 平均资本成本率 = 983.25 − 6 502.5 × 5.5% = 625.61（万元）。

5.【答案】D

【解析】股票的价格 = 1.5 ×（1 + 8%）/（16% − 8%）= 20.25（元）。

6.【答案】B

【解析】为了分析存货管理业绩，应当使用“营业成本”计算存货周转率。而存货的年初余额在 1 月初，年末余额在 12 月末，都不属于旺季，存货的数额较少，采用存货余额年初年末平均数计算出来的存货周转率较高，因此应该按月进行平均，这样比较准确，所以选项 B 正确。

7.【答案】D

【解析】20 000 = 部门税前经营利润 - 100 000 × 20%，部门税前经营利润 = 40 000（元），投资报酬率 = 40 000/100 000 × 100% = 40%。

8.【答案】C

【解析】我国2018年6月6日修订的《首次公开发行股票并上市管理办法》规定，发行人应当符合最近3个会计年度经营活动产生的现金流量净额累计超过人民币5 000万元或者最近3个会计年度营业收入累计超过人民币3亿元。所以选项C错误。

9.【答案】A

【解析】如果国民经济不景气或者经济过热，通货膨胀持续居高不下，投资者投资风险大，预期报酬率高，筹资的资本成本就高。通常情况下，证券市场流动性降低，投资者的投资风险会变大，要求的预期报酬率会提高，企业通过资本市场融通的资本其成本水平会增加。因此选项B、C、D均会导致企业资本成本增加。所以选项A是正确答案。

10.【答案】D

【解析】内在市净率 = 权益净利率 × 预期股利支付率/（股权成本 - 增长率）=（5/25）×（1 + 6%）× 60%/（13% - 5%）= 1.59，所以选项D正确。

11.【答案】C

【解析】一般而言，标准成本中心的考核指标是既定产品质量和数量条件下的标准成本，标准成本中心不需要做出定价决策、产量决策或产品结构决策。所以选项A、B错误。标准成本中心不对生产能力的利用程度负责，而只对既定产量的投入量承担责任。所以选项D错误。

12.【答案】B

【解析】合理保险储备是指能够使缺货成本与储备成本最小的那一储备量，它和平均库存量没有关系。

13.【答案】B

【解析】上行股价 = 股票现价 × 上行乘数 = 40 ×（1 + 33.33%）= 53.33（元），下行股价 = 股票现价 × 下行乘数 = 40 × 0.75 = 30（元），上行时到期日价值 = 53.33 - 20 = 33.33（元），下行时到期日价值 = 30 - 20 = 10（元），套期保值比率 =（33.33 - 10）/（53.33 - 30）= 1。

14.【答案】D

【解析】年折旧额 =（200 000 - 8 000）/4 = 48 000（元），第4年末时折旧已经计提完毕，第5年不再计提折旧，第5年末设备报废时的折余价值 = 200 000 - 48 000 × 4 = 8 000（元），预计实际净残值收入5 000元小于设备报废时的折余价值8 000元的差额抵减所得税，减少现金流出，增加现金净流量，所以终结点现金净流量 = 2 000 + 5 000 +（8 000 - 5 000）× 30% = 7 900（元）。

二、多项选择题

1.【答案】AD

【解析】税后经营净利润 = 净利润 + 税后利息费用 = 240 + 75 = 315（万元）。营业现金毛流量 = 税后经营净利润 + 折旧与摊销 = 315 + 60 = 375（万元）。营业现金净流量 = 营业现金毛流量 - 经营营运资本增加 = 375 - 80 = 295（万元）。实体现金流量 = 税后经营净利润 - 净经营资产增加 = 315 -（80 + 100）= 135（万元）。所以选项A、D错误。

2. 【答案】ABD

【解析】由于市价高于执行价格，对于看跌期权来说，处于虚值状态，其内在价值为0。所以选项A、B正确。多头看跌期权的净收入=执行价格-股票价格，股票价格最多降到0，因此，多头看跌期权的最大净收入=执行价格=10（元）。所以选项C错误。最大净损益=最大净收入-期权费=10-5=5（元）。所以选项D正确。

3. 【答案】BCD

【解析】资本成本的本质是投资资本的机会成本，但并不是企业实际付出的代价，所以选项A不正确。

4. 【答案】ABD

【解析】经济增加值也有许多和投资报酬率一样误导使用人的缺点，例如，处于成长阶段的公司经济增加值较少，而处于衰退阶段的公司经济增加值可能较高。

5. 【答案】AC

【解析】业绩计量的非财务指标包括：①市场占有率；②质量和服务；③创新；④生产力；⑤雇员培训。

6. 【答案】CD

【解析】编制资产负债预算要利用本期期初资产负债表，根据销售、生产、资本等预算的有关数据加以调整编制，所以选项A错误。资产负债表中的未分配利润项目要以利润预算为基础确定，所以选项B错误。存货包括直接材料、在产品和产成品，所以选项C正确。编制资产负债表预算的目的在于判断预算反映的财务状况的稳定性和流动性。如果通过资产负债表预算的分析，发现某些财务比率不佳，必要时可修改有关预算，以改善财务状况，所以选项D正确。

7. 【答案】ACD

【解析】不能归属于任何责任中心的固定成本，不进行分摊。例如，车间厂房的折旧是以前决策的结果，短期内无法改变，可暂时不加控制，作为不可控费用。

8. 【答案】AC

【解析】以“变动成本加固定费转移价格”作为内部转移价格时，只需要考虑单位变动成本和固定费，不需要考虑市场价格，所以选项A正确。以“全部成本转移价格”作为内部转移价格时，是以目前各部门的成本为基础，再加上一定百分比作为利润。所以，内部转移价格不受市场价格影响，即选项C正确。

9. 【答案】AD

【解析】剩余股利政策就是在公司有着良好投资机会时，根据一定的目标资本结构（最佳资本结构），测算出投资所需的权益资本，先从盈余当中留用，然后将剩余的盈余作为股利予以分配。由此可见，利用剩余股利政策的公司更多地关注的是投资机会和资本成本。

10. 【答案】ACD

【解析】股票资本成本$=4\%+1.2\times5\%=10\%$，税前股票资本成本$=10\%/(1-25\%)=13.33\%$，可转换债券的税前融资成本应在普通债券利率与税前股权成本之间。

11. 【答案】AD

【解析】按照我国税法规定，经营租赁的租金费可以直接在税前扣除，融资租赁的租金费不可以在税前直接扣除，所以选项 A 正确，选项 B 不正确。目前我国税法没有规定租赁的分类标准，可以采用会计准则对租赁的分类和确认标准，所以选项 C 不正确，选项 D 正确。

12.【答案】AD

【解析】平衡计分卡中的“平衡”包括外部评价指标（如股东和客户对企业的评价）和内部评价指标（如内部经营过程、新技术学习等）的平衡；成果评价指标（如利润、市场占有率等）和导致成果出现的驱动因素评价指标（如新产品投资开发等）的平衡；财务评价指标（如利润等）和非财务评价指标（如员工忠诚度、客户满意程度等）的平衡；短期评价指标（如利润指标等）和长期评价指标（如员工培训成本、研发费用等）的平衡。所以选项 B、C 不正确。

三、计算分析题

1.【答案】

（1）增发价格为 5.5 元/股时：

$$增发后每股价格=\frac{500\ 000+20\ 000\times 5.5}{100\ 000+20\ 000}=5.0833333（元/股）$$

老股东财富变化 $=5.0833333\times(100\ 000+10\ 000)-500\ 000-10\ 000\times 5.5$

$=4\ 166.7$（元）

新股东财富变化 $=5.0833333\times 10\ 000-10\ 000\times 5.5$

$=-4\ 166.7$（元）

可见，如果增发价格高于市价，老股东的财富增加，并且老股东财务增加的数量等于新股东减少的数量。

（2）增发价格为 5 元/股时：

$$增发后每股价格=\frac{500\ 000+20\ 000\times 5}{100\ 000+20\ 000}=5（元/股）$$

老股东财富变化 $=5\times(100\ 000+10\ 000)-500\ 000-10\ 000\times 5$

$=0$（元）

新股东财富变化 $=5\times 10\ 000-10\ 000\times 5$

$=0$（元）

老股东和新股东财务都没有发生变化。

（3）增发价格为 4.5 元/股时：

$$增发后每股价格=\frac{500\ 000+20\ 000\times 4.5}{100\ 000+20\ 000}$$

$=4.9166667$（元/股）

老股东财富变化 $=4.9166667\times(100\ 000+10\ 000)-500\ 000-10\ 000\times 4.5$

$=-4\ 166.7$（元）

新股东财富变化 $=4.9166667\times 10\ 000-10\ 000\times 4.5$

$=4\ 166.7$（元）

可见，如果增发价格低于市价，新股东的财富增加，并且新股东财富增加的数量等于老股东减少的数量。

2.【答案】

（1）变动制造费用的标准分配率 = 3 900 000/1 300 000 = 3

固定制造费用的标准分配率 = 2 600 000/1 300 000 = 2

A 产品的单位标准成本 = 10 × 22 + 3 × 120 + 2 × 120 = 820（元）

A 产品的单位实际成本 = 124 000/12 000 × 24 + 4 296 000/12 000 + 2 928 000/12 000
= 248 + 358 + 244 = 850（元）

（2）直接材料的价格差异 =（24 − 22）× 124 000 = 248 000（元）

直接材料的数量差异 =（124 000 − 12 000 × 10）× 22 = 88 000（元）

变动制造费用的实际分配率 = 4 296 000/1 464 000 = 2.93

实际工时 = 1 464 000

实际产量下的标准工时 = 12 000 × 120 = 1 440 000

变动制造费用的价格差异 =（2.93 − 3）× 1 464 000 = 102 480（元）

变动制造费用的数量差异 =（1 464 000 − 1 440 000）× 3 = 72 000（元）

固定制造费用的耗费差异 = 2 928 000 − 2 600 000 = 328 000（元）

固定制造费用的闲置能量差异 = 2 600 000 − 1 464 000 × 2 = 328 000（元）

固定制造费用的效率差异 =（1 464 000 − 12 000 × 120）× 2 = 48 000（元）

（3）单位变动成本 =（124 000 × 24 + 4 296 000）/12 000 = 606（元）

部门可控边际贡献 =（1 100 − 606）× 10 050 − 2 928 000 × 50% = 3 500 700（元）

3.【答案】

（1）由于有剩余生产能力可以利用，且无法转移，所以自制外购的相关成本仅包含自制的变动成本。

自制的单位变动成本 = 42 + 12 + 8 = 62（元/个）

外购的相关成本 = 76（元/个）

由于自制方案比外购方案每年节约成本 140 000 元［（76 − 62）× 10 000］，因此，应该选择自制方案。

（2）若选择自制，则会放弃生产电脑屏幕所带来的成本节约 30 000 元，这可以看作是自制的机会成本。

自制的单位变动成本 = 42 + 12 + 8 = 62（元/个）

外购的相关成本 = 76（元/个）

自制成本 = 62 × 10 000 + 30 000 = 650 000（元）

外购成本 = 76 × 10 000 = 760 000（元）

因此，应选择自制方案。

（3）如果公司目前只有生产手机屏幕 6 000 个的生产能力，且无法转移，若自制 10 000 个，则需要租入设备一台，月租金 5 000 元，这样使生产能力达到 13 000 个，则年租金属于专属成本。

专属成本 = 5 000 × 12 = 60 000（元）

自制成本 = 620 000 + 60 000 = 680 000（元）

外购成本 = 760 000（元）

因此，应选择自制方案。

（4）公司应该先按现有生产能力自制6 000个，因为其自制成本低于外购成本。超过6 000个的部分，则应比较外购成本与自制成本的高低。对于超过6 000个的部分，如果自制，单位成本＝62＋60 000/4 000＝77（元），超过了外购的单位成本。因此，企业应该自制6 000个，同时外购4 000个。

4.【答案】

第一车间套装成本计算单　　单位：元

项目	产量（件）	直接材料费用	直接人工费用	制造费用	合计
月初在产品		6 500	400	900	7 800
本月生产费用		19 900	5 270	9 180	34 350
合计		26 310	5 670	10 080	42 150
分配率		26 400/(360＋300)＝40	5 670/(360＋270)＝9	10 080/(360＋270)＝16	
产成品中本步骤份额	360	14 400	3 240	5 760	23 400
月末在产品	300(约当270件)	12 000	2 430	4 320	18 750

直接材料月末在产品＝120×2＋60＝300（件）

直接人工（制造费用）月末在产品约当产量＝120×2＋60×50%＝270（件）

第二车间套装成本计算单　　单位：元

项目	产量（件）	直接材料费用	直接人工费用	制造费用	合计
月初在产品			260	230	490
本月生产费用			4 300	6 490	10 790
合计			4 368	6 720	11 280
分配率			4 560/(180＋60)＝19	6 720/(180＋60)＝28	
产成品中本步骤份额	180		3 420	5 040	8 460
月末在产品	120（约当60）		1 140	1 680	2 820

套装产品成本汇总计算表　　单位：元

项目	产量（件）	直接材料费用	直接人工费用	制造费用	合计
第一车间		14 400	3 240	5 760	23 400
第二车间			3 420	5 040	8 460
合计	180	14 400	6 660	10 800	31 860
单位成本		80	37	60	177

5.【答案】

（1）①A方案各年的净现金流量：

折旧＝(125－5)/5＝24（万元）

$NCF0=-150$（万元）

$NCF1\sim4=(100-60)\times(1-25\%)+24\times25\%=36$（万元）

$NCF5=36+25+5=66$（万元）

②B 方案各年的净现金流量：

折旧 $=(140-14)/(2+5)=18$（万元）

$NCF0=-140$（万元）

$NCF1=0$（万元）

$NCF2=-60$（万元）

$NCF3\sim6=(150-80)\times(1-25\%)+18\times25\%=57$（万元）

$NCF7=57+60+14=131$（万元）

（2）①A 方案包括初始期的静态投资回收期：

$36\times4=144$（万元）

$(150-144)\div66=0.09$

回收期 $=4.09$（年）

②B 方案不包括初始期的静态回收期 $=200/57=3.51$（年）

B 方案包括建设期的静态投资回收期 $=2+3.51=5.51$（年）

（3）①A 方案的净现值 $=36\times(P/A,10\%,4)+66\times(P/F,10\%,5)-150$

$=5.10$（万元）

②B 方案的净现值 $=57\times(P/A,10\%,4)\times(P/F,10\%,2)+131\times(P/F,10\%,7)$

$-60\times(P/F,10\%,2)-140$

$=26.96$（万元）

（4）①A 方案净现值的等额年金 $=5.10/(P/A,10\%,5)=1.35$（万元）

②B 方案净现值的等额年金 $=26.96/(P/A,10\%,7)=5.54$（万元）

因为 B 方案净现值的等额年金大，所以 B 方案优于 A 方案。

四、综合题

【答案】

（1）权益资本成本 $=4\%+6\%\times1.5=13\%$

债务资本成本 $=7\%\times(1-25\%)=5.25\%$

债务市场价值权数 $=40\,000/(40\,000+2\,000\times32)=38.46\%$

股权市场价值权数 $=2\,000\times32/(40\,000+2\,000\times32)=61.54\%$

加权平均资本成本 $=38.46\%\times5.25\%+61.54\%\times13\%=10\%$

（2）第 1 年设备的折旧费 $=270\times[5/(1+2+3+4+5)]=90$（万元）

第 2 年设备的折旧费 $=270\times[4/(1+2+3+4+5)]=72$（万元）

第 3 年设备的折旧费 $=270\times[3/(1+2+3+4+5)]=54$（万元）

第 4 年设备的折旧费 $=270\times[2/(1+2+3+4+5)]=36$（万元）

第 5 年设备的折旧费 $=270\times[1/(1+2+3+4+5)]=18$（万元）

设 H 公司竞价时的租金报价为 X，则有：

第 1 年末营业现金流量 $=300\times(1-25\%)-300\times60\%\times(1-25\%)-50\times(1-25\%)$

$+90\times25\%+X/5\times25\%$

$=75+0.05X$

第 2 年末营业现金流量 $=400\times(1-25\%)-400\times60\%\times(1-25\%)-50\times(1-25\%)$

$+72\times25\%+X/5\times25\%$

$=100.5+0.05X$

第 3 年末营业现金流量 $=400\times(1-25\%)-400\times60\%\times(1-25\%)-50\times(1-25\%)$

$+54\times25\%+X/5\times25\%$

$=96+0.05X$

第 4 年末营业现金流量 $=500\times(1-25\%)-500\times60\%\times(1-25\%)-50\times(1-25\%)$

$+36\times25\%+X/5\times25\%$

$=121.5+0.05X$

第 5 年末营业现金流量 $=500\times(1-25\%)-500\times60\%\times(1-25\%)-50\times(1-25\%)$

$+18\times25\%+X/5\times25\%$

$=117+0.05X$

第 5 年末设备变现流入 $=40-(40-0)\times25\%=30$（万元）

$NPV=-270-30-X+(75+0.05X)\times(P/F,10\%,1)+(100.5+0.05X)\times(P/F,10\%,2)+(96+0.05X)\times(P/F,10\%,3)+(121.5+0.05X)\times(P/F,10\%,4)+(117+0.05X+30+30)\times(P/F,10\%,5)$

$=-300-X+68.18+0.045X+83.06+0.041X+72.13+0.038X+82.99+0.034X+109.9+0.031X$

$=116.26-0.811X$

令 $NPV=0$，求得：$X=143.35$（万元）

为使该项目盈利，H 公司竞价时最高的租金报价是 143.35 万元。

（3）如果出租方要求的最低竞价租金为 80 万元，为使该项目有利，H 公司每年最低的营业收入假设为 Y。

第 1 ~4 年每年摊销租金 $=80\div5=16$（万元）

第 1 年末营业现金流量 $=Y\times(1-25\%)-Y\times60\%\times(1-25\%)-50\times(1-25\%)$

$+16\times25\%+90\times25\%$

$=0.3Y-33.5+22.5$

$=0.3Y-11$

第 2 年末营业现金流量 $=Y\times(1-25\%)-Y\times60\%\times(1-25\%)-50\times(1-25\%)$

$+16\times25\%+72\times25\%$

$=0.3Y-33.5+18$

$=0.3Y-15.5$

第 3 年末营业现金流量 $=Y\times(1-25\%)-Y\times60\%\times(1-25\%)-50\times(1-25\%)$

$+16\times25\%+54\times25\%$

$=0.3Y-33.5+13.5$

$=0.3Y-20$

第 4 年末营业现金流量 $=Y\times(1-25\%)-Y\times60\%\times(1-25\%)-50\times(1-25\%)$

$+16\times25\%+36\times25\%$

$= 0.3Y - 33.5 + 9$

$= 0.3Y - 24.5$

第5年末营业现金流量 $= Y \times (1 - 25\%) - Y \times 60\% \times (1 - 25\%) - 50 \times (1 - 25\%) + 16 \times 25\% + 18 \times 25\%$

$= 0.3Y - 33.5 + 4.5$

$= 0.3Y - 29$

第5年末设备变现流入 $= 40 - (40 - 0) \times 25\% = 30$（万元）

则有：

$$NPV = -280 - 30 - 80 + (0.3Y - 11) \times (P/F,10\%,1) + (0.3Y - 15.5) \times (P/F,10\%,2) + (0.3Y - 20) \times (P/F,10\%,3) + (0.3Y - 24.5) \times (P/F,10\%,4) + (0.3Y - 29 + 30 + 30) \times (P/F,10\%,5)$$

$$= -390 + (0.3Y - 11) \times 0.909 + (0.3Y - 15.5) \times 0.826 + (0.3Y - 20) \times 0.751 + (0.3Y - 24.5) \times 0.683 + (0.3Y + 31) \times 0.621$$

$$= -425.30 + 1.137Y$$

令 $NPV = 0$，求得：$Y = 374.06$（万元）

如果出租方要求的最低竞价租金为60万元，为使该项目有利，H公司每年最低的营业收入为374.06万元。

中财传媒版2020年注册会计师全国统一考试辅导系列丛书

会计
审计
财务成本管理
经济法
税法
公司战略与风险管理

应试指导
要点随身记
通关题库
全真模拟试题

ISBN 978-7-5095-9612-8
9 787509 596128 >
定价：28.00元